“农家书屋”·“送书下乡工程”入选图书

法律帮助一点通

——家庭财产纠纷

（修订版）

总主编　袁其国

本册执行主编　李秀华

中国检察出版社

图书在版编目（CIP）数据

家庭财产纠纷/袁其国总主编. —修订本. —北京：
中国检察出版社，2008.8
（法律帮助一点通）
ISBN 978-7-80185-032-4

Ⅰ. 家… Ⅱ. 袁… Ⅲ. 法律-基本知识-中国
IV. D920.5

中国版本图书馆 CIP 数据核字（2008）第 133942 号

法律帮助一点通——家庭财产纠纷

总主编 袁其国 本册执行主编 李秀华

出 版 人：袁其国
出版发行：中国检察出版社
社　　址：北京市石景山区鲁谷西路 5 号（100040）
网　　址：中国检察出版社（www.zgjccbs.com）
电子邮箱：zgjccbs@vip.sina.com
电　　话：(010)68630384(编辑) 68650015(发行) 68636518(门市)
经　　销：新华书店
印　　刷：保定市中画美凯印刷有限公司
开　　本：850mm×1168mm 32 开
印　　张：7.75 印张
字　　数：171 千字
版　　次：2009 年 4 月第二版 2009 年 10 月第七次印刷
书　　号：ISBN 978-7-80185-032-4
定　　价：15.00 元

修订说明

《法律帮助一点通》丛书是一套给百姓看的普法类图书，它可以为百姓维权，替百姓解惑，帮助百姓正确运用法律武器维护自身合法权益。本套丛书自2001年首次出版，共计50余个品种，其内容覆盖了日常生活、工作、学习等方方面面。因本书通俗易懂，内容全面，深受广大读者的肯定和欢迎，先后入选国家“农家书屋”、“送书下乡工程”等项目，并荣获中国法律图书优秀奖。

近年来，我国陆续制定、修改了一批法律法规，为了更加贴近百姓日常生活、工作，真正为解决生活、工作中遇到的各种纠纷和问题提供法律帮助，我们在保持本丛书原有优势的基础上，突出了以下特点：

1. 通俗性。丛书修订时仍坚持立足于实际、扎根于大众、为广大读者服务的原则，以问答形式或案例方式拟设了一些人们日常生活中出现的新问题，并依据现行法律、法规和有关规定，提出了相应的解决办法。

2. 新颖性。本套丛书在修订时根据新颁布的法律、法规和司法解释，对案例及问题做出了最新的评析和解答，其中包括《物权法》、《劳动合同法》等最受关注的法律问题。与此同时，对于原丛书未收录在内的常见纠纷，本次修订也进行了适当的补充。

3. 实用性。此次修订工作，对原书中的内容进行了全面整合：法律未作变动的，其涉及的案例及问题基本保持不变；法律重新颁布、修订的，将其涉及的内容重新分析和阐述；法律已废止、修改的，将丛书中相应的内容进行删减；同时，对于原书中重复或类似的问题，进行了合并和精简，大大增加了本书的实用性和可读性。

中国检察出版社

2008 年 10 月

目录

一、家庭财产纠纷的预防

1 如何处理因订婚引起的财物纠纷？

订婚亦称婚约，是男女双方以结婚为目的而订立的婚姻预约。

我国历代封建法律和一些资本主义国家的婚姻立法，都把婚约作为结婚的必经程序。

早期型婚约的特征即婚约是婚姻成立的重要组成部分，并具有法律效力。晚期型婚约的主要特征是婚约不是婚姻成立的组成部分和必经程序。尽管现代各国关于婚约的效力已日趋淡薄，但婚约在现代各国普遍存在。

在我国婚约不具有法律上的约束力。男女双方结婚，完全以他们在结婚登记时表达的意愿为依据。如果男女双方自愿订立婚约，法律并不禁止，只是不予承认和保护。解除婚约无需通过任何法律手续。一方要求解除婚约，只要通知对方即可，不必征得对方的同意；双方要求解除婚约，可自行解除。

尽管恋爱关系并非法律调整的范畴，婚约对男女双方亦无法律上的约束力，但对解除婚约或终止恋爱而引起的财物纠纷，人民法院应及时处理。因为，人身关系与财产关系是性质不同的两个问题。如果当事人要求人民法院保护或处理其恋爱关系，法院可以不受理。但因此产生的财物纠纷，其争议的标的是财产关系，则属于人民法院案件受理范围。而且，如果这类纠纷得不到及时、妥善的处理，就可能激化矛盾，导致自杀、凶杀等恶性事件的发生。人民法院及时受理和处理这类案件，有助于促进社会的安定团结。

根据最高人民法院《关于贯彻执行民事政策法律若干问题的意见》中有关规定的精神，关于解除婚约或终止恋爱后引起的财物纠纷问题，应区别不同情况，妥善处理。

（1）对于借订婚而进行买卖婚姻的情况，其中交出财物的一方，其财物实质是进行非法活动的工具，收受财物的一方为非法所得。这类财产原则上可判决上缴国库。

（2）对于以订婚为名，目的是为了诈骗财物的情况，除构成诈骗罪应依法追究刑事责任外，无论何方提出解除婚约的，原则上应将诈骗所得财物全部归还给受害人。

（3）对于以订婚为名，以赠送财物为手段，玩弄异性的人，为达到非法目的而自愿交付给对方的财物，应按赠与对待，无论谁提出解约，均不予返还。

（4）对于赠与物应根据不同情况分别处理：男女在恋爱期间，为增进感情主动赠送的一些财物，在解除婚约后应否归还？因这类赠与通常是以达到结婚为目的的，是有条件的，如果结婚目的未达到，则应予返还。因赠与情况十分复杂，不能全部退还，但也不能都不退还。

对于相互赠送的食品，共同出去游玩的花费和价值较小的衣物，一般受赠人无返还义务；而一方赠给另一方的一些贵重物品，虽形式上是赠与，如婚约解除，以酌情返还为好。对双方定情的信物，有的价值虽不高，但解除婚约后，如一方要求返还，以归还为妥，这样有利于避免感情上的纠葛。

2 如何处理因包办婚姻引起的财产纠纷？

包办婚姻是指第三者（包括父母在内）违背婚姻自由的原则，强迫他人婚姻的行为。某些父母干涉子女的婚事，是封建家长作风的表现，是对儿女人身权利（尤其是婚姻自主权）的严重侵犯。《婚姻法》第 3 条明确规定禁止包办婚姻的行为。《婚姻法》第 5 条进一步规定："结婚必须男女双方完全自愿，不许任何一方对他方加以强迫或任何第三者加以干涉。"包办婚姻背离了我国《婚姻法》婚姻自由的原则及结婚条件，从法律层次上而言，属可撤销婚姻。根据《婚姻法》第 11 条之规定，对包办婚姻，受胁迫一方可以向婚姻登记机关及人民法院提出请求撤销该婚姻。受胁迫一方撤销婚姻的请求应当自结婚登记之日起 1 年内提出。被非法限制人身自由的当事人请求撤销婚姻的，应当自恢复人身自由之日起 1 年内提出。根据《婚姻法》第 12 条规定，可撤销婚姻，自始无效。当事人不具有夫妻的权利和义务。同居期间所得的财产，由当事人协议处理；协议不成时，由人民法院根据照顾无过错方的原则判决。根据最高人民法院《关于适用〈中华人民共和国婚姻法〉若干问题的解释（一）》第 15 条解释，被撤销的婚姻，当事人同居期间所得的财产，按共同共有处理。但有证据证明为当事人一方所有的除外。

3 如何处理因买卖婚姻引起的财产纠纷？

买卖婚姻是指第三者（包括父母在内）以索取大量财物

为目的，包办、强迫他人婚姻的行为。买卖婚姻是以封建社会的聘娶婚为主要表现形式，并由此演变而来。旧社会将女性当成商品买卖，所谓“嫁出去的女，泼出去的水”，正是这种金钱交易婚姻的后果之一。换亲、转亲、童养媳等也都是包办买卖婚姻不同形式的表现。

对买卖婚姻的处理应注意下面几个问题：

（1）根据我国《婚姻法》第 11 条之规定，买卖婚姻属于可撤销的婚姻。买卖婚姻的当事人可按《婚姻法》第 11 条之规定，自结婚登记之日起一年内向婚姻登记管理机关或人民法院要求撤销该婚姻。

（2）对因买卖婚姻获得的财产，应根据具体情况处理。根据最高人民法院的司法解释，属于包办、强迫、买卖婚姻所得的财物，原则上依法收缴国库。

（3）根据我国《婚姻法》第 12 条规定，可撤销婚姻，自始无效。男女同居期间所得的财产，由当事人协议处理；协议不成时，由人民法院根据照顾无过错方的原则判决。根据最高人民法院《关于适用〈中华人民共和国婚姻法〉若干问题的解释（一）》第 15 条解释，被撤销的婚姻，男女同居期间所得的财产，可按共同共有处理。但有证据证明为当事人一方所有的除外。

（4）禁止包办、买卖婚姻行为，首先要加强法制宣传教育，帮助人们增强法制意识，划清合法与非法的界限。同时，要运用法律手段处理违法行为，对违法者进行严肃的批评和教育，视其情节和后果，予以相应的制裁。

4 什么是借婚姻索取财物?

借婚姻索取财物是指除买卖婚姻以外的其他借婚姻索取财物的行为。这种情况下，男女双方结婚基本上是自主自愿的，但是一方（主要是女方或者女方父母）向另一方索要一定的财物作为结婚的先决条件。

借婚姻索取财物和买卖婚姻的共同点都是以索取财物为结婚的条件。不同点是买卖婚姻通常是包办强迫婚姻，而借婚姻索取财物，基本上是自主婚，但不是以感情作为基础，而是把满足自己的物质欲望作为缔结婚姻的前提条件。

借婚姻索取财物的行为，严重阻碍了婚姻自由原则的贯彻，败坏社会风气，影响家庭的和睦、稳定，并给许多家庭造成悲剧。其危害性不可低估。

当然，恋爱期间男女双方为增进双方的感情，互赠某些财物，不能简单地视为“借婚姻索取财物”的行为。

5 解除婚约后应否退还彩礼?

小红16岁那年，由父母做主，与同村的小强订婚。每年小强家都要送给小红家一定的钱。18岁那年，小红提出要解除婚约关系。小强感到十分气愤。小强提出如果小红真的要解除婚约也可以，但必须归还订婚时送给小红的6000元彩礼钱。小强的要求是否能得到法律的支持呢?

对处理解除婚约后的彩礼问题，应采取慎重而客观的态度。不可采用简单、粗暴的方法。彩礼虽是男女之间的隐私问题，但如果处理不当就会导致矛盾升级。根据最高人民法院《关于适用〈中华人民共和国婚姻法〉若干问题的解释

(二)》规定：当事人请求返还按照习俗给付的彩礼的，如果查明属于以下情形，人民法院应当予以支持：（1）双方未办理结婚登记手续的；（2）双方办理结婚登记手续但确未共同生活的；（3）婚前给付并导致给付人生活困难的。适用前款第（2）、（3）项的规定，应当以双方离婚为条件。在实践中法院对此问题处理通常倾向于彩礼酌情返还。本案小强的要求可以得到法律的支持。具体处理时，小强可通过村委会、居委会、基层调解组织和有关单位进行调解、协商；调解不成，小强可向人民法院起诉。法院会支持小强的要求。

6 什么是赠与?

小民与小晶系自由恋爱。小民表示结婚后，给小晶一条祖传的金项链。婚后由于双方为一些生活琐事发生了争议，小民再也不提金项链一事。小晶认为小民以金项链引诱自己与其结婚，所以决定以离婚惩罚小民。小晶与小民协议离婚未果。小晶最终向法院起诉要求离婚，并提出金项链应归其所有。法院支持了小晶的离婚请求，但并未满足其将金项链判归其所有的请求。

赠与是当事人一方以意思表示将自己的财物无偿地转移给他方，而他方受领的行为。赠与是公民处分自己财产的一种方法与手段。公民将财产赠与谁、赠与什么均属财产所有人的权利，受法律保护。当然赠与行为可以附条件。我国《民法通则》第 62 条明确规定：“民事法律行为可以附条件，附条件的民事法律行为在符合所附条件时生效。”我国《民法通则》第 58 条进一步规定，违反法律或者社会利益的民事行为则是无效的。因此以结婚为条件的赠与行为是无效的民事行为。所以本案小晶向小民主张金项链的权利当然无法受法律的保护。

7 如何区分借婚姻索取财物与赠与？

借婚姻索取财物是指男女双方结婚基本上是自主自愿的，但一方却以对方给付一定的财物作为结婚条件的行为。借婚姻索取财物是一方滥用婚姻自由权的行为。我国《婚姻法》明确禁止借婚姻索取财物。借婚姻索取财物与自愿赠与是两个性质不同的行为。两者的相同点是婚姻基本上是自主自愿的。但借婚姻索取财物是指一方主要是女方或女方的父母向另一方索要许多财物，以此作为结婚的条件，实际上以满足某种物质利益作为结婚的代价，这种行为是违法的，是法律所禁止的；一方对他方自愿赠与的行为则是合法的。借婚姻索取财物是主动索取；赠与是一方自愿给予，但这种赠与行为必须符合法律规定。对这两种行为的处理途径也不同。如系借婚姻索取财物，离婚时，如结婚时间不长，或因索要财物导致对方生活困难的，可酌情返还；但如果是自愿赠与，赠与人无权要求受赠人返还财物。

8 禁止借婚姻索取财物的意义有哪些？

从法律上明确禁止借婚姻索要财物，有十分重要的实践价值。

（1）有利于强化社会主义婚姻家庭道德观

借婚姻索取财物是封建社会遗留下的陈规陋习，是对婚姻自由权利的滥用。从法律上明确予以规定，有助于人们树立正确的婚姻家庭观念，充分地认识到婚姻家庭的基础应建立在爱情而非金钱的基础上。

（2）有利于净化社会环境，推进婚姻自由原则的落实

借婚姻索取财物不仅会危及到婚姻家庭的质量，且不利于

整个社会环境的优化。从法律上禁止借婚姻索取财物有利于提高婚姻家庭的质量，有利于建立民主、和睦、健康的婚姻家庭关系。有利于划清合法与非法界限，有利于预防与减少婚姻家庭纠纷，使婚姻自由的原则真正落到实处。

9 男女双方结婚时，必须要进行婚前财产公证吗？

婚前财产公证是指国家公证机关根据男女当事人的申请，依照法律规定，证明男女双方为明确其各自婚前财产所有权归属所订立协议书的真实性、客观性与合法性的活动。当事人申请办理婚前财产公证，并不局限于婚前，亦可在婚后进行，十分灵活。通常双方协议约定的内容仅涉及到各自婚前财产所有权的归属。根据我国目前法律规定，男女双方结婚时，是否进行婚前财产公证，完全取决于男女双方个人的意愿。法律未要求必须进行婚前财产公证。

10 办理婚前财产公证需要哪些步骤？

男女双方如果进行婚前财产公证需要经过下列几个步骤：

（1）准备好相应的身份与财产证明

公证时，当事人准备好相应的证明。如：当事人的身份证、户口本、已婚者要带上结婚证、房产证明、购物证明。如果财产种类较多，可以列上双方签名的财产清单。还应带上婚前财产约定协议书。该协议书的内容包括下列几方面内容：双方当事人的基本情况、财产名称、数量、种类、价位及所有权的归属。

（2）当事人到公证处申请

当事人需持上述材料亲自到公证处申请。婚前财产公证是一项十分严肃的民事法律行为，与人身关系紧密相连。不得委托他人代办婚前财产公证。

(3) 公证机关要严格审查

公证机关受理当事人的申请之后，公证人员应就双方协议的内容、有关证明进行严格审查。针对公证人员的提问，当事人有义务认真回答。

(4) 签名

如果公证人员经认真核实，认为当事人要求婚前财产公证的行为符合法律规定与要求，应让双方当事人在婚前财产协议书上签名。这标志着婚前财产公证的整个程序履行完毕。

(5) 领取公证书

当上述程序履行完毕，应在两周后凭公证收费证明领取公证书。

11 我国夫妻财产关系包括哪些内容？

我国夫妻财产关系包括夫妻财产制、夫妻互相扶养义务和夫妻互有继承权 3 个方面的内容。根据我国《婚姻法》第 17 条、18 条及第 19 条之规定，我国夫妻财产制是法定婚后所得共同财产制、个人特有财产制与约定财产制的结合。《婚姻法》第 20 条规定，夫妻有互相扶养义务。《婚姻法》第 24 条规定，夫妻有相互继承遗产的权利。

12 什么是夫妻财产制？

夫妻财产制是指在婚姻关系存续期间有关夫妻财产所有权

的制度。

夫妻财产制的立法形式分为法定财产制与约定财产制。法定财产制是法律明确规定的夫妻财产制的形式。约定财产制是法律允许夫妻双方以协议的方式确定的财产制的形式。婚姻当事人可依法采用约定财产制，如无约定，应适用法定财产制。综观世界各国，其财产制立法各不相同。

(1) 统一财产制

是指除特有财产外，将妻的原有财产估定价额，转归其夫所有，妻保有对估价金额的返还请求权。

(2) 联合财产制

亦称管理共同制，指除特有财产外夫妻各保有其财产所有权，但财产联合在一起，由夫管理。

(3) 共同财产制

指除特有财产外，夫妻的全部财产或部分财产归双方共同所有。

(4) 分别财产制

亦称夫妻独立财产制，双方各保有其财产的所有权。

我国夫妻财产制包括共同财产制、约定财产制、个人财产制。

13 什么是夫妻个人财产？夫妻个人特有财产的范围有哪些？

所谓个人财产是指依据法律规定或双方约定依法应由一方占有、使用、支配与处分的财产，任何人均无权干涉。

2001 年修正的《婚姻法》在我国婚姻立法史上首次以法律的形式明确了夫妻个人财产的范围。《婚姻法》第 18 条规定："有下列情形之一的，为夫妻一方的财产：

（一）一方的婚前财产；

（二）一方因身体受到伤害获得的医疗费、残疾人生活补助费等费用；

（三）遗嘱或赠与合同中确定只归夫或妻一方的财产；

（四）一方专用的生活用品；

（五）其他应当归一方的财产。"

对个人财产，夫妻在离婚时，归一方个人所有，他方无权分割；当财产所有人死亡后，夫妻个人财产应划入遗产的范围，按《继承法》的有关规定处理。

14 什么是夫妻共同财产制？夫妻共同财产的范围有哪些？

所谓夫妻共同财产是指夫妻双方在婚姻关系存续期间所得的财产。婚姻关系存续期间是指婚姻关系的有效期间。这一概念说明共同财产所有权的主体，只能是具有婚姻关系的夫妻。无效婚姻、非法同居或通奸的男女不能作为其主体。在夫妻对其财产未作约定或约定违法或不明确的情况下，适用法定夫妻财产制也即夫妻婚后所得共同财产制。夫妻共同财产所有权取得的时间，是指从领结婚证之日起到配偶一方死亡或双方离异为止。夫妻分居或离婚判决未生效的期间亦是婚姻关系存续期间。《婚姻法》第 17 条规定的"所得"是指财产所有权的取得，而非财产的实际取得。

《婚姻法》基于现实的需要，明确界定了夫妻共同财产的范畴。《婚姻法》第 17 条规定："夫妻在婚姻关系存续期间所得的下列财产，归夫妻共同所有：

（一）工资、奖金；

（二）生产、经营的收益；

（三）知识产权的收益；

（四）继承或赠与所得的财产，但本法第十八条第三项规定的除外；

（五）其他应当归共同所有的财产。

夫妻对共同所有的财产，有平等的处理权。”

从夫妻共同财产概念与范围分析，夫妻一方婚前财产、子女财产及其他家庭成员的财产就不属于夫妻共同财产的范围。

在我国夫妻对共同财产的权利和义务是平等的，夫妻对全部共有财产，平等地享受权利、平等地承担义务。也即对夫妻共同财产，不论是一方或双方的收入，也不论收入多少，夫妻双方均有平等的占有、使用、收益和处分的权利。任何一方在未经对方同意的情况下，不得擅自处理夫妻共同财产。

15 什么是夫妻约定财产制？约定财产的法律效力如何？

所谓约定财产制是法律允许双方以协议之方式，对夫妻在婚姻关系存续期间所得的财产所有权的归属、使用、收益和处分等事项作出约定，以排除法定共同财产制适用的制度。

随着我国经济改革的深入及社会的发展，人民物质文化生活水平日趋提高，公民财产日益丰富，夫妻要求用多种形式处理双方财产是很正常的。随着涉外婚姻和再婚现象的增多，随着人们婚姻家庭观念的变化，规定夫妻约定财产制可以合理地保护当事人的财产权益。

《婚姻法》第 19 条明确规定：“夫妻可以约定婚姻关系存

续期间所得的财产以及婚前财产归各自所有、共同所有或部分各自所有、部分共同所有。约定应当采用书面形式。没有约定或约定不明确的，适用本法第十七条、第十八条的规定。

夫妻对婚姻关系存续期间所得的财产以及婚前财产的约定，对双方具有约束力。

夫妻对婚姻关系存续期间所得的财产约定归各自所有的，夫或妻一方对外所负的债务，第三人知道该约定的，以夫或妻一方所有的财产清偿。”

根据最高人民法院《关于适用〈中华人民共和国婚姻法〉若干问题的解释（一）》第 18 条解释，婚姻法第 19 条所称的“第三人知道该约定的”，夫妻一方对此负有举证责任。这一规定也是为了更好地保护当事人的合法权益。

16 约定财产需要哪些法定条件？

由于约定是一种双方民事法律行为，因此须具备一定的法定条件。根据我国《民法通则》的规定，第一，双方必须是有民事行为能力的人；第二，双方必须自愿；第三，约定必须合法。

双方约定的内容不能超越有关法律和有关政策的规定。

关于约定的方式，根据我国现行司法解释规定，夫妻双方就财产关系所作的书面约定及无争议的口头除规避法律规定的外，应认为是有效约定。一般而言应以书面形式为原则。对双方都承认的口头约定，应确认其具有法律效力。

17 夫妻财产约定对第三人是否具有法律效力?

毕某（男）与刘某婚后第 3 年下岗。毕某向朋友杨某借款 3 万元开始做服装生意。由于不了解市场行情，毕某的生意难有进展。2001 年 10 月之后，毕某的经营处于亏损状态。刘某开始担心风险太大，遂于 2002 年 1 月与丈夫约定，毕某的生意与家庭无关。家庭的共同存款 6 万元全由刘某掌握。之后，毕某的服装全部积压，资金难以回收。杨某多次上门催毕某还款，但毕某都说无力偿还。后杨某听说刘某有 6 万元存款，因此再度提出还款一事。但毕某告知杨某自己与妻子有约定，自己的经营与妻子无关。杨某在协议无望的情况下，诉至法院要求毕某夫妻以共同财产承担还款责任。

《婚姻法》第 19 条规定："夫妻可以约定婚姻关系存续期间所得的财产以及婚前财产归各自所有、共同所有或部分各自所有、部分共同所有。"只要夫妻双方的约定符合我国法律之规定就具有法律效力。但《婚姻法》第 19 条同时规定："夫妻对婚姻关系存续期间所得的财产约定归各自所有的，夫或妻一方对外所负的债务，第三人知道该约定的，以夫或妻一方所有的财产清偿。"

夫妻就财产关系进行约定后，即对双方当事人及第三人发生法律约束力。

首先，对夫妻双方发生法律约束力，这是对内效力。

其次，根据公平原则，为保护第三人的利益和维护交易安全，夫妻财产约定须为第三人所明知或经公证的，才能发生对外效力。也即第三人知道夫妻财产各自所有的约定，该约定对第三人具有法律效力。如果第三人对夫妻财产约定不知情，该约定的效力不能及于第三人。也即债务不能由夫妻一方承担，而是由双方承担。

本案中毕某与刘某的财产约定从表面上符合法律规定，但为规避经营中的风险，进行了财产约定，显然对第三人即债权人杨某是极不公平的。因此这一财产约定对杨某不具有法律效力。根据《民法通则》及《婚姻法》的有关规定，毕某所欠债务，应以其家庭财产承担清偿责任。

18 夫妻一方继承的财产是否应归夫妻共同所有？

遗嘱是公民将自己的财产指定由法定继承人中的一人或数人继承，并在自己死后发生法律效力。

严某有两个儿子。两个儿子均已婚。2000 年严某患糖尿病很严重。大儿子经常回家探望，并想办法照料严某。但小儿子却不管不问，让老人十分伤心。严某的老伴去世多年。小儿子曾因继承问题与父亲争吵。2001 年 12 月严某立下遗嘱，将自己所有的财产归大儿子继承。严某去世后，小儿子提出不同意见，认为这个遗嘱剥夺了自己的继承权，要求分得遗产，但遭到大哥的反对。经法院确认此遗嘱有效，判令严某的遗产全部由大儿子继承。此时大儿媳提出遗产也应有自己的一部分。大儿子认为自己继承的财产全部归自己所有，与妻子无关。那么大儿子在该婚姻关系存续期间继承的财产是夫妻共同财产还是其个人的财产呢？

《婚姻法》基于现实的需要，明确界定了夫妻共同财产的范畴。《婚姻法》第 17 条规定：“夫妻在婚姻关系存续期间所得的下列财产归夫妻夫同所有：

（1）工资、奖金；

（2）生产、经营的收益；

（3）知识产权的收益；

（4）继承或赠与所得的财产，但本法第十八条第三项规定的除外；

（5）其他应当归共同所有的财产。

夫妻对共同所有的财产，有平等的处理权。”

本案涉及到在婚姻关系存续期间继承的财产归属问题。其中第（4）款中所说“第十八条第三项规定的除外”是指遗嘱合同中确定只归一方所有的财产。

本案中严某在遗嘱中指明自己的财产全部归大儿子个人所有，体现了遗嘱人的真实意思表示。尽管遗产的取得是在婚姻关系存续期间，但应认定为大儿子个人财产，而非夫妻共同财产。但应注意如果未在遗嘱合同中确定只归一方所有，那么夫或妻一方在婚姻关系存续期间所继承的财产应视为夫妻共同财产。

19 夫妻一方或双方受赠的财产是否应归夫妻共同所有？

2000年12月郑某（男）与小学音乐教师秦某结婚。婚后郑某的姑姑送给郑某一架钢琴。但郑某并不喜欢音乐，从来未动过钢琴。秦某经常弹奏钢琴。秦某认为自己丈夫缺少情趣、不懂得生活。而郑某认为秦某太现代，不是理想中的妻子。双方最终协议离婚。对离婚及其他财产的处理均无争议，但双方对结婚之后郑某姑姑送给郑某价值1万元的钢琴归属产生分歧。秦某认为这架钢琴尽管是郑某姑姑送给郑某的，但是在婚后给的，所以应视为夫妻共同财产平等分割。郑某认为尽管钢琴是在婚后取得，但是钢琴是姑姑赠与自己的，所以应属个人财产，秦某无权分割。

根据《婚姻法》的规定，夫妻在婚姻关系存续期间所得的财产归夫妻共同所有，并界定了共同财产的范畴，包括一方或双方在婚姻关系存续期间接受赠与的财产。当然如果赠与人在赠与合同中明确表示只归夫或妻一方所有的财产，就应归一方所有。

本案郑某的姑姑未明确将钢琴只是赠与郑某，所以钢琴应视为夫妻共同财产。根据《婚姻法》规定，在分割财产时，应根据财产的具体情况和有利于生产及生活的原则，钢琴归秦某所有较为妥当。当然秦某应给予郑某一定价值的补偿。

20 法律如何规定夫妻有互相扶养义务的？

所谓扶养指亲属间相互供养的法律责任。

《婚姻法》第20条规定：“夫妻有互相扶养的义务。一方不履行扶养义务时，需要扶养的一方，有要求对方付给扶养费的权利。”夫妻间的扶养义务是基于夫妻的婚姻效力派生出来的。夫妻互相扶养，是指夫妻在经济上相互供养、生活上相互扶助的义务，其宗旨是保障夫妻的正常生活。尤其在一方没有经济来源或因年老、患病等原因需要扶养时，另一方应履行扶养义务。这一规定虽适用于夫妻双方，但因目前我国男女经济地位还有实际上的差别，法律上更注重对女方合法权益的保护。

夫妻相互扶养义务是法定的，具有法律强制性。夫妻之间的扶养义务是相互的，一方不履行扶养义务时，需要扶养的另一方，有权经过调解或诉讼程序，要求对方履行义务。对拒绝履行扶养义务情节恶劣的，应依法追究刑事责任。

21 婚前写书，婚后出版所得稿费是夫妻共同财产吗？

小于（男）是一位作家。在一次研讨会上与小范相遇。婚前小于一直致力于一部爱情题材的小说创作。婚后一年，小于的小说终于出版，并得到2万元稿费。小范想用此钱去买家具，但小于不同意。小于认为稿费是自己婚前所写，应归个人所有。而小范则认为既然是婚后出版才得到的稿费当然是夫妻共同财产。

《婚姻法》第17条规定，夫妻在婚姻关系存续期间所得的知识产权的收益应属夫妻共同财产。根据法律规定，知识产权的收益除双方另有约定的以外，应属夫妻共同财产，归夫妻共同所有。小于写作的收益属正常生活中的收益，如无特别约定，应归夫妻共同所有。但是，小于因知识产权而获得收益还有两层法律关系：

（1）小于对其作品享有著作权

根据《著作权法》第2条的规定，中国公民、法人或者非法人单位的作品，不论是否发表，享有著作权。著作权包括发表权、署名权、修改权、保护作品完整权、使用权、获得报酬权。

（2）期待权产生的时间决定了稿费的性质

拥有著作权只是具有了获得利益的基础与可能。只有与出版社订立合同才会有利益产生的可能。而只有此时才获得了利益的期待权。如果期待权产生在婚后，其稿费应视为夫妻共同财产；如果期待权产生于婚前，该稿费则属于一方婚前的个人财产。

本案经查小于是在婚前与出版社签约，因此期待权产生于

婚前，婚后取得的2万元稿费如无其他约定，应视为小于的婚前个人财产，归小于个人所有。

22 什么是夫妻共同债务？

所谓共同债务是在婚姻关系存续期间夫妻双方所负债务。《婚姻法》第41条规定："离婚时，原为夫妻共同生活所负的债务，应当共同偿还。共同财产不足清偿的，或财产归各自所有的，由双方协议清偿；协议不成时，由人民法院判决。"

共同债务的范围包括为履行抚养、扶养及赡养义务所负债务；夫妻一方或双方为治病所负债务；为支付共同生活开支所负的债务；夫妻双方从事家庭承包经营所负债务；夫妻双方约定由一方所承担的债务，但因规避法律，损害国家、集体或者第三人利益导致约定无效的，一方所承担的债务仍视为夫妻共同债务。共同债务的清偿首先应双方协商解决；协议不成时由人民法院根据实际情况判决由双方合理地分担清偿责任。

23 什么是夫妻个人债务？

个人债务是指夫妻一方婚前所负债务，以及婚后双方约定为个人负担的债务。还包括：一方未经对方同意擅自资助与其没有扶养义务的亲朋所负债务；一方未经对方同意，独自筹资从事经营活动，其收入确未用于共同生活所负的债务。个人债务原则由其本人偿还，对方自愿为其偿还不受限制。

24 法律允许夫妻单方处理夫妻共同财产吗？

根据《婚姻法》第17条规定，夫妻对共同所有的财产，有平等的处理权。最高人民法院《关于适用〈中华人民共和国婚姻法〉若干问题解释（一）》第17条进一步对上述规定作出解释：“‘夫或妻对夫妻共同所有的财产，有平等的处理权’的规定，应从以下两方面理解为：

（1）夫或妻在处理夫妻共同财产上的权利是平等的。因日常生活需要而处理夫妻共同财产的，任何一方均有权决定。

（2）夫或妻非因日常生活需要对夫妻共同财产做重要处理决定，夫妻双方应当平等协商，取得一致意见。他人有理由相信其为夫妻双方共同意思表示的，另一方不得以不同意或不知道为由对抗善意第三人。”

25 区别夫妻共同债务与夫妻个人债务有何意义？

赵某（女）是一家工厂的工人。赵某丈夫经常在外面跑业务。但赵某从不知丈夫在干什么。后赵某生一女儿，女儿也是赵某自己带着。后来许多人跑到赵某的单位寻找其丈夫，赵某才知道自己的丈夫在外面经营了一家公司，因其经营不善，欠了20万元。因丈夫长期躲在外面，拒不还债，赵某应帮丈夫还欠款吗？

在我国立法上对夫妻共同债务与个人债务作了不同的范围界定。根据《婚姻法》及最高人民法院《关于人民法院审理离婚案件处理财产分割问题的若干具体意见》的规定，下列债务是个人债务：

（1）夫妻约定由个人负担的债务，但逃避债务的约定除外。

（2）一方未经对方同意，擅自资助与其没有扶养义务的亲朋所负的债务。

（3）一方未经对方同意，独立筹资从事经营活动，其收入确未用入共同生活所负的债务。

（4）其他应由个人承担的债务。

共同债务是指夫妻为共同生活或为履行抚养、赡养义务等所负债务。共同债务的认定应具体下列条件：

（1）债务必须发生在婚姻关系存续期间。

（2）借款人必须是为了家庭共同利益。

正确区分个人债务与共同债务旨在适用不同的清偿原则。

个人债务，应由夫妻一方以其个人财产清偿；共同债务，应由夫妻共同财产清偿。

本案赵某的丈夫经商并未与赵某商量，事后其收益也并未用于家庭共同生活中。因此赵某丈夫所负的债务应属其个人债务，应以其个人财产清偿，而不应以夫妻共同财产偿还。

26 夫妻分居，一方在外借钱应否属于夫妻共同债务？

小芳结婚后才发现与丈夫性格不合，在孩子 5 岁时双方分居。后小芳的单位进行改革，小芳的收入降低。他们的孩子身体不好，经常看病。小芳的收入有限，只好向他人借钱。后小芳与丈夫协议离婚，双方对离婚及其他财产分割均无争议。但对小芳给孩子看病所借的 4000 元持不同意见。小芳认为尽管是分居期间自己所借，但用于给孩子看病，应由双方共同偿还。小芳的丈夫则认为借款时未与自己商量，现在要自己一起还钱不公平。

根据《婚姻法》第 41 条之规定，离婚时，原为夫妻共同生活所负的债务，应当共同偿还。共同财产不足清偿的，或财产归各自所有的，由双方协议清偿；协议不成时，由人民法院判决。

本案中小芳是以个人名义为孩子看病借款，显然这笔债务确实用于家庭共同生活当中。法院经调查属实，判令以共同财产清偿债务，也即由小芳与丈夫共同清偿债务。如果一方在外借钱不是用于家庭共同生活中的，应认定为夫妻一方个人债务，由个人负责清偿。

27 夫妻双方在约定财产时应注意哪些事项？

夫妻在约定财产时，应注意下列事项：

（1）注意形式合法

根据《婚姻法》第 19 条之规定，约定应采用书面形式。

（2）注意具备实质要件

夫妻双方在约定财产时，一定要注意行为人要有相应的行为能力、意思表示真实、不违反法律与社会利益，同时尊重第三人知情权。

如果在约定财产时忽视上述事项，往往会导致约定不明确或约定无效。只有依照法律规定约定财产归属，才能更有效地维护自己的合法权益。

28 如何理解父母子女之间的抚养义务？

常某夫妻中年得子，取名大利，他们对儿子十分溺爱。但儿子长大后，经常与常某夫妻吵架。当父亲去世后，儿子对常妈妈经常出口不逊。更让常妈妈伤心的是，儿子提出断绝母子关系。大利的做法会得到法律的肯定吗？

大利的做法不仅有悖于我国的优良传统道德，也是违反法律的。

《婚姻法》对父母子女关系作了全面的规定，根据《婚姻法》第 21 条、第 24 条等规定，父母子女之间包括以下的权利与义务关系：

（1）父母对子女有抚养与教育的权利与义务。

父母不履行义务时，未成年的或不能独立生活的子女有要求父母付给抚养费的权利。

（2）子女对父母有赡养、扶助的义务。

子女不履行赡养义务时，无劳动能力的或生活困难的父母有要求子女付给赡养费的权利。

（3）父母子女有相互继承遗产的权利。

大利的做法没有法律效力。如果常妈妈需要儿子赡养，可以与儿子协商，协商不成，可以通过诉讼程序解决。

29 继父母与继子女间形成权利义务关系的条件是什么？

小森 5 岁时，父亲去世，母亲带着小森再婚。继父对小森视同已出，生活与学习上对小森十分关心。小森后上了大学，毕业后到一家外企工作。但此时继父身患重病。小森认为，自己可以赡养母亲，但不用赡养继父，因继父与自已没有血缘关系。

小森的这种想法是错误的。

《婚姻法》第 27 条规定："继父母与继子女间，不得虐待或歧视。继父或继母和受其抚养教育的继子女间的权利和义务，适用本法对父母子女关系的有关规定。"由此可见，继父母与继子女之间具有权利义务关系的前提是他们之间具有抚养和教育的关系，也即有抚养教育关系的继父母与继子女间的权利义务，相当于父母与亲生子女间的权利和义务关系。这就有效地保障了继父母和继子女间的合法权益。

本案小森的继父对其履行了很多的责任，小森与继父之间已形成了法律上的抚养教育关系，其关系相当于父母子女关系。根据《婚姻法》第27条的规定及权利与义务相一致的原则，小森应对继父承担赡养义务。这不仅是道德的要求，更是法律的责任。

30 对再婚父母，子女还有赡养的义务吗？

王某（男）老伴去世后，他在婚姻介绍所的帮助下，认识了一位退休女工。俩人一见钟情。经过一年的了解，王某决定与退休女工办理结婚登记手续。但王某的独生子表示强烈反对，并说如果王某结婚的话，自己再也不给老人生活费，并阻挠老人领结婚证。

老人再婚自由是受我国法律保护的。同时老人再婚后的赡养问题也有法律明确规定。

《婚姻法》第2条规定：实行婚姻自由、一夫一妻、男女平等的婚姻制度。保护妇女、儿童和老人的合法权益。《婚姻法》第3条特别规定，禁止干涉婚姻自由的行为。《中华人民共和国老年人权益保障法》第18条规定：“老年人的婚姻自由受法律保护。子女或其他亲属不得干涉老年人离婚、再婚及婚后的生活。赡养人的赡养义务不因老年人的婚姻关系变化而变化。”针对老年人再婚难，再婚后的生活难以保障的问题，《婚姻法》特别增设了第30条。该条规定：“子女应当尊重父母的婚姻权利，不得干涉父母再婚以及婚后的生活。子女对父母的赡养义务，不因父母的婚姻关系变化而终止。”

本案王某儿子的做法是违法的。王某可以通过法律的途径实现自己的婚姻自由权，当然其受赡养的权利也不因结婚而有改变。

31 解除收养关系后，养子女在什么情况下，还应对养父母承担赡养义务？

小邢从小由养父母收养。长大后小邢知道自己是养子后，感情发生了变化，对养父母的感情越来越冷淡。养父母与小邢解除了收养关系。但两位老人生活困难，想让小邢承担赡养义务，遭到拒绝。小邢认为已解除了收养关系，就等于他与养父母之间不再有法律上的联系了。法律真是这么规定的吗？

根据《中华人民共和国收养法》的规定，收养关系解除后，经养父母抚养成人的养子女，对缺乏劳动能力又缺乏生活来源的养父母，应当付给生活费。这一规定体现了我国法律人文关怀的精神，也体现了权利与义务相一致及公正原则。

本案小邢应继续承担对老人的赡养义务。

32 兄弟姐妹之间承担扶养义务的法定条件是什么？

兄弟姐妹是最亲近的旁系血亲，通常兄弟姐妹之间，不产生法律上的权利义务关系。只有在一定的条件下，兄弟姐妹之间才产生法律关系。兄弟姐妹之间承担扶养义务的条件如下：

（1）扶养人有负担能力。

（2）被扶养人需要扶养。

(3) 被扶养人父母已死亡或无力扶养、或兄、姐丧失劳动能力、孤独无依。

(4) 弟、妹由兄、姐扶养长大。

33 什么是继承？继承的法律特征有哪些？

财产继承是指财产所有人死亡或宣告死亡之时起，其近亲属根据遗嘱或法律规定，无偿取得其遗留的个人合法财产。

财产继承有下列法律特征：

(1) 财产所有人死亡

所谓死亡包括自然死亡与宣告死亡两种。如果财产所有人尚未死亡，则不能发生继承问题。

(2) 死亡人须有遗产

这是财产继承的显著特征。如果死者没有遗产，则不发生继承问题。

(3) 须有合法继承人或受遗赠人

(4) 遗产继承和清偿债务须统一

即继承人在继承死者遗产的同时，还应清偿死者生前所欠的税款和债务。我国继承法采取了限定继承的原则，对被继承人生前所欠税款和债务的清偿，仅限于遗产的实际价值的范围以内，超过遗产的实际价值部分，继承人不负清偿责任。

(5) 多种继承方式

财产继承是死者财产移转的基本方式，包括法定继承、遗嘱继承和遗赠。当然遗赠扶养协议、无人继承而无人受遗赠的遗产处理也是死者遗产转移的方式。从法律效力而言，以遗赠扶养协议的法律效力最高。其次是遗嘱继承和遗赠。再次才是法定继承。最后是无人继承而无人受遗赠的遗产之处理。

34 取得继承权依据有哪些？

继承权通常是根据法律规定和死者生前所立的遗嘱而取得。继承权是以血缘关系、婚姻关系及法律拟制为基础的。《继承法》正是基于继承人与死者的血缘关系、婚姻关系及扶养关系确定法定继承人的范围与顺序。此外丧偶的儿媳对公婆、丧偶的女婿对岳父母尽了主要赡养义务的，也可以作为第一顺序的法定继承人。可见，在我国继承人要根据法律规定和死者生前所立的有效遗嘱才能取得并实现继承权。

35《继承法》的基本原则有哪些？

《继承法》的基本原则是继承立法的指导原则与精髓，主要有 5 项：

（1）保护公民个人合法财产继承权的原则

《民法通则》第 76 条明确规定："公民依法享有财产继承权。"《继承法》第 1 条指出："根据《中华人民共和国宪法》规定，为保护公民的私有财产的继承权，制定本法。"这一原则充分体现了家庭养老育幼、合理组织经济生活的职能，即公民生前个人所有一切财产，均可在其死亡后由其合法继承人取得或根据死者生前遗愿来处分。当公民的继承权受到不法侵害时，可以经有关部门调解，亦可以向法院起诉以维护自己的合法权益。

（2）继承权男女平等原则

《继承法》第 9 条明确规定："继承权男女平等。"这一原则主要体现在以下几个方面：

第一，在确定继承人范围时，无性别之分。无论男女一律平等地享有遗产继承权。

第二，在规定继承顺序时不因性别不同而有先后之分。

第三，同一顺序的继承人继承财产的份额应当均等。

第四，在代位继承与转继承问题上男女平等。

所有上述规定均体现了男女平等的原则。

（3）权利与义务相一致的原则

权利与义务相一致的原则是审判实践中处理继承纠纷的重要依据之一。如《继承法》规定，有扶养能力和扶养条件的继承人，不尽扶养义务的，分配遗产时，应当不分或者少分。《继承法》第13条规定："对被继承人尽了主要扶养义务或者与被继承人共同生活的继承人，分配遗产时，可以多分。"《继承法》第14条规定："对继承人以外的依靠被继承人扶养的缺乏劳动能力又没有生活来源的人，或者继承人以外的对被继承人扶养较多的人，可以分配给他们适当的遗产。"这一分配原则完全是按照所尽义务的具体情况来确定的，充分体现了权利与义务相一致的原则。

（4）养老育幼、照顾病残的原则

养老育幼、照顾病残既是家庭职能的重要体现，也是巩固婚姻家庭关系的需要，不仅是法律的基本要求，也是社会主义道德规定的体现。我国《继承法》第12条规定："丧偶儿媳对公、婆，丧偶女婿对岳父、岳母，尽了主要赡养义务的，作为第一顺序继承人。"《继承法》第13条第2款规定："对生活有特殊困难的缺乏劳动能力的继承人，分配遗产时，应当予以照顾。"《继承法》第14条规定："对继承人以外的依靠被继承人扶养的缺乏劳动能力又没有生活来源的人，或者继承人以外的对被继承人扶养较多的人，可以分给他们适当的遗

产。”《继承法》第 19 条规定：“遗嘱应当对缺乏劳动能力又没有生活来源的继承人保留必要的遗产份额。”《继承法》第 28 条规定：“遗产分割时，应当保留胎儿的继承份额。”这一原则的确定，有利于发扬扶助病残、尊老爱幼的优良传统。

（5）互谅互让、团结和睦的原则

这一原则要求家庭成员之间互相尊敬、互相帮助、团结和睦。如经过协商达到分割遗产的一致意见时，同一顺序继承人的继承份额，也可以不均等。对有特殊困难或无劳动能力的继承人，可以适当照顾；对继承人之外的依靠被继承人扶养的生活困难又无生活来源的人或者对被继承人尽扶养义务较多的人，可以分给他们适当的遗产。

36 什么是遗产？遗产有哪些法律特征？

遗产是继承人继承的标的或对象，是继承法律关系的客体。《继承法》第 3 条明确规定：“遗产是公民死亡时遗留的个人合法财产。”遗产是继承产生的首要条件，没有遗产，权利义务无法产生。遗产具有下列法律特征：

（1）遗产是被继承人死亡时遗留的财产

被继承人财产只有在死亡时才能成为遗产，被继承人在世时，其财产不能成为遗产。也即被继承人活着，就不能引起继承的发生。

（2）遗产是被继承人个人的财产

遗产是被继承人生前拥有所有权的财产。被继承人财产的范畴十分广泛。既包括被继承人个人单独所有财产，亦包括被继承人与他人共有财产的共有份额。如果与他人共有财产中的共有份额作为遗产时，应注意从共有财产中分出。

(3) 遗产必须是被继承人的合法财产

遗产必须是被继承人依法可以拥有的财产。

非法侵占国家、集体或是他人的财产及根据法律规定不允许公民个人所有的财产，不能作为遗产。

判决某一财产是否可以作为遗产，应从遗产是否同时具备3个法律特征入手，只有同时具备了遗产上述特征的财产才可以成为遗产。

37 遗产的范围有哪些?

《继承法》第3条进一步界定了遗产的范畴，包括：

(1) 公民的收入；

(2) 公民的房屋、储蓄和生活用品；

(3) 公民的林木、牲畜和家禽；

(4) 公民的文物、图书资料；

(5) 法律允许公民所有的生产资料；

(6) 公民的著作权、专利权中的财产权利；

(7) 公民的其它合法财产。

38 哪些财产不属于遗产?

根据我国法律规定，下列财产不属遗产之范围：

(1) 与被继承人的人身不可分割的人身权。

如公民的姓名权、肖像权等。

(2) 与公民人身有关的债权、债务。

(3) 国有资源使用权。

在我国，采矿权、渔业权等国有资源使用权不能作为

遗产。

（4）承包经营权。

（5）宅基地使用权。

39 什么是法定继承？它有哪些法律特征？

法定继承亦称无遗嘱继承，是指由法律直接规定继承人范围、顺序及遗产分配原则的一种继承方式。与遗嘱继承相比较，法定继承具有下列法律特征：

（1）法定继承以人身关系为前提。

被继承人与继承人之间的婚姻、血缘关系是法定继承的依据。这与遗嘱继承有很大不同。《继承法》第 10 条规定，遗产继承人为配偶、子女、父母、兄弟姐妹、祖父母、外祖父母。这些亲属与被继承人有着严格的人身联系。

（2）法律直接规定继承人的范围、顺序及分配原则。

上述规定属强制性的法律规范，除死者生前以遗嘱方式改变之外，任何人都无权予以更改。

40 法定继承人的范围有哪些？其继承顺序如何规定？

法定继承人的范围，受到严格的法律限制。其立法依据是血缘关系、婚姻关系、扶养关系。世界各国对法定继承人范围的界定均是建立在血缘关系与婚姻关系基础上的。现代世界立法趋势，开始突破完全以血缘关系与婚姻关系作为确定法定继承人范围的传统框架，开始将扶养作为确定法定继承人范围的重要依据之一。我国《继承法》规定下列人员为继承人：被继承人的配偶、子女、父母、兄弟姐妹、祖父母、外祖父母。丧偶的儿媳对公、婆，丧偶的女婿对岳父、岳母尽了主要赡养义务的，可以作为第一顺序的法定继承人。

继承顺序是法律规定的各继承人继承遗产时的先后位序。根据血缘关系的远近及婚姻关系及考虑到继承人与被承人之间的权利义务关系，《继承法》第 10 条明确规定，遗产按下列顺序继承：

第一顺序：配偶、子女、父母、对公、婆尽了主要赡养义务的丧偶儿媳及对岳父、岳母尽了主要赡养义务的丧偶女婿。

第二顺序：兄弟姐妹、祖父母、外祖父母。

被继承人死亡后，并非所有的法定继承人都可以同时参加继承。第一顺序的继承人有优先取得遗产的权利。第二顺序的继承人只有在第一顺序的继承人全部死亡或全部放弃或全部丧失继承权的情况下，才有权继承。

41 什么是代位继承？

冯某（男）与杨某经人介绍认识并结婚。后生有一子名叫冯杨。冯杨在父母的关爱下健康成长。冯杨高中毕业后，未能考入大学。后进入一家工厂工作。1988 年冯杨与同单位的女工金芮自由恋爱并结婚，生双胞胎女儿。1999 年 9 月冯杨患肝癌病逝。2001 年冯某与杨某在去旅游的路途中突遭车祸不治身亡，留下 3 间住房及 6 万元存款。冯某有一个哥哥，此时提出冯某的遗产应由其继承。理由是冯某的儿子已不在人世，没有其他继承人。金芮则认为两个女儿有代位继承的权利。

本案涉及代位继承的问题。

代位继承又叫间接继承是指被继承人的子女先于被继承人死亡时，由被继承人子女的晚辈直系血亲代替已死亡的父母继承被继承人遗产的一种继承方式。其中先于被继承人死亡的被继承人的子女是被代位继承人，代替被代位继承人行使继承权和被代位继承人的晚辈直系血亲是代位继承人。

本案中由于冯某的儿子冯杨先于冯某死亡，又有直系晚辈血亲，所以符合我国代位继承的条件，本案中的3间住房及6万元存款应由冯杨的双胞胎女儿代替父亲冯某继承。作为第二顺序的继承人冯某的哥哥在有第一顺序继承人代位继承情况下，无权继承哥哥的遗产。

根据《继承法》第11条之规定，适用代位继承应具备下列几方面的条件：

（1）被代位继承人必须先于被继承人死亡。这是代位继承制度成立的先决条件，如果被继承人子女后于被继承人死亡，则不能适用代位继承。

（2）代位继承人必须是被代位继承人的直系晚辈亲属。在代位继承中，被代位人必须是被继承人的子女包括婚生子女、非婚生子女、养子女、形成了抚养教育关系的继子女。其他人则不能成为被代位人。

（3）被代位继承人生前须享有继承权。如果被代位继承人生前因故意杀害被继承人等行为丧失了继承权，其晚辈直系血亲无权代位继承。如该代位继承人缺乏劳动能力又无生活来源，或对被继承人尽赡养义务较多的，可适当分得遗产。

（4）代位继承适用于法定继承，而不适用于遗嘱继承。如果被继承人有遗嘱，应按其合法有效遗嘱来处分财产，不适用代位继承。

42 抚恤金、保险金可否作为遗产？

抚恤金是国家及有关机关给予死者家属的物质帮助与精神安慰，非死者的个人财产，所以不能作为遗产继承。最高人民法院《关于保险金能否作为被保险人遗产的批复》中即明确指出，财产保险金属于被保险人死亡的遗产，可以继承。人身保险可否作为被保险人的遗产，主要取决于被保险人是否指定了受益人。指定了受益人，被保险人死亡后，其人身保险应归受益人所有，不是遗产。如未指定受益人，被保险人死亡后，其人身保险金可以作为遗产处理。因此认定保险金的财产性质，应根据不同情况处理。

43 被继承人的承包经营权可否继承？

被继承人死亡后，其生前承包的土地、荒山、果园、企业、林木等是国家所有或集体所有的公有财产，非个人遗产，因此不能继承。特别强调承包经营权不能作为遗产继承。如果法律允许死者的继承人继续承包，应办理承包权转移的有关手续。但被继承人生前依法承包所获得的收益，可作为遗产处理。根据最高人民法院《关于贯彻执行〈中华人民共和国继承法〉若干问题的意见》第 4 条明确规定，如承包人死亡时尚未取得承包收益，可把死者生前承包所投入的资金和所付出的劳动及其增值和利息，由发包人或接续承包人合理折价，其价额可作为遗产，由死亡承包人的合法继承人继承。

44 被继承人的遗产同家庭共同财产中其他共有人的份额有何区别？

家庭共有财产是家庭成员共同劳动、共同积累的财产。共有财产包括夫妻共同共有财产、家庭共同财产及合伙共有财产。公民只对其共有财产中的属于其所有的财产份额享有所有权。因此公民死亡之后，应注意从共有财产中分出其遗产部分，方可继承。分割家庭共有财产时，除了注意不能将家庭成员的个人财产与家庭共有财产混同之外，在确定遗产时，要注意先划出夫妻一方的财产、子女的财产及其他家庭成员的财产。不能将家庭共有财产作为一方的个人遗产。

45 什么是转继承？

转继承亦称第二次继承、再继承，是指继承人在继承开始后，遗产分割前死亡，其所继承的遗产份额转由其法定继承人继承。实际接受遗产的死亡继承人的继承人称为转继承人。

最高人民法院《关于贯彻执行〈中华人民共和国继承法〉若干问题的意见》第52条规定，继承开始后，继承人没有表示放弃继承权，并于遗产分割前死亡的，其继承遗产的权利转移给他的合法继承人。实际上转继承是一种遗产继承权的转移。

46 代位继承与转继承的区别有哪些？

转继承与代位继承都有继承人死亡事实的发生，但它们是两种不同的继承，其主要区别如下：

（1）继承的性质不同

转继承是连续继承。继承人在被继承人死亡后即取得应得遗产的所有权。分割被继承遗产时继承人应得部分直接转由其法定继承人继承。代位继承则具有替补性质，即代位继承人是代替被代位继承人继承应由被代位继承人继承的份额。

（2）继承产生的前提不同

转继承是基于继承人后于被继承人死亡且是在分割被继承人遗产前死亡的事实产生，而代位继承则是基于被继承人的子女先于被继承人死亡的事实而产生。

（3）主体范围不同

转继承人是被继承人的法定继承人，亦可以是被继承人的晚辈直系血亲；而代位继承人只能是被代位继承人的晚辈血亲。

（4）适用的继承类别不同

转继承既可以适用法定继承，亦可适用于遗嘱继承。而代位继承仅适用于法定继承，是法定继承的重要补充。

47 遗产分配时应掌握什么原则？

在法定继承中，如果同一顺序的继承人有两个以上，且都有继承权时，遗产如何分割？对此，《继承法》第13条规定：“同一顺序继承人继承遗产的份额，一般应当均等。”这是总的原则性的规定。也即在没有特殊情况下，遗产要平均分配。它体现了一定的公正，在一定程度上可以减少纠纷的发生，便于继承的执行。

但还应根据继承的具体情况采取灵活的分配原则：

（1）对生活困难又缺乏劳动能力的继承人应予以照顾，可以适当多分。

（2）如果继承人对被继承人尽了主要赡养义务，或者是与被继承人一起生活的，可以多分。

（3）有扶养能力和条件的继承人不尽扶养义务的，应当不分或者少分。

由此可以看出，在遗产继承的问题上，同一顺序的继承人之间分配遗产时，不一定必须平均分配。在坚持男女平等原则的基础上，我们还应坚持互谅互让、权利与义务相一致的原则、考虑到对弱势群体利益照顾的原则。只有如此我们才能更好地协商、处理继承问题。

48 什么是遗嘱继承？遗嘱有哪些形式？

钱某，老伴已去世，多年来钱某储蓄了6万元。钱某有3个儿子，除最小的儿子孝敬老人外，其他两个儿子对老人的关心极少。后钱某得重病，叫来两位朋友，自己亲笔写了遗嘱。遗嘱中写明自己所存的6万元全部给小儿子，钱某签了自己的名字。后钱某去世。钱某指定的遗嘱执行人将钱某的遗嘱内容向钱某的3个儿子宣布。遭到钱某大儿子与二儿子的反对。钱某最小的儿子，认为这个遗嘱是合法有效的。

钱某订立的遗嘱是合法有效的。根据《继承法》的规定，6万元钱应由钱某最小的儿子继承。

遗嘱是被继承人生前依据法律规定的方式对自己的财产和其他相关事务作出处分并于被继承人死亡时发生法律效力的一种法律行为。在遗嘱继承中，继承人的范围、继承人对遗产的应继份额都由被继承人生前所立的遗嘱来确定。订立遗嘱的被继承人为立遗嘱人。根据遗嘱取得继承权的人为遗嘱继承人。

从上述概念中可以看出，遗嘱具有下列的法律特征：

（1）遗嘱是要式的法律行为

《继承法》严格规定了遗嘱的形式和有效条件，只有符合这些形式和有效条件才是合法有效的遗嘱。

（2）遗嘱是单方法律行为

遗嘱是基于立遗嘱人单方的意思表示产生民事法律后果的一种法律行为。只要有立遗嘱人单方的意思表示即可发生法律效力。本案中钱某立遗嘱就是单方行为，不必通知其儿子，也不必征得他们的同意。

（3）立遗嘱必须立遗嘱人亲自实施

立遗嘱的行为具有很强的人身性质，不能由他人代理实行。他人代理的立遗嘱的行为没有法律效力。本案中的钱某所立遗嘱是其亲自所为，是其真实意思的表示。

（4）遗嘱是立遗嘱人死后生效的法律行为

立遗嘱人只要活着，遗嘱就不能发生法律效力。

（5）遗嘱继承不受法定继承顺序和应继份额的限制

遗嘱继承中的被继承人可以依据其意愿决定遗嘱继承人的继承份额，不受法定继承份额的限制。但遗嘱必须保留缺乏劳动能力又无生活来源的继承人的遗产份额。

遗嘱的形式是遗嘱人处分自己财产的意思表示方式。根据《继承法》第 17 条规定，我国遗嘱形式有公证遗嘱、自书遗嘱、代书遗嘱、录音遗嘱、口头遗嘱等 5 种形式。

49 如何订立遗嘱？

（1）公证遗嘱

赵某在 39 岁那年，身患绝症。赵某想立一个遗嘱，将自己收藏的几幅名家的画捐给国家有关部门。其妻与其父母均表示支持。为避免日后一些不必要的矛盾，赵某对遗嘱进行了

公证。

赵某的遗嘱属公证遗嘱。公证遗嘱是经过公证机关证明的遗嘱。公证遗嘱是效力最高的遗嘱。如果遗嘱人以不同形式立有数份内容冲突的遗嘱，有公证遗嘱的，以公证遗嘱为有效遗嘱。公证遗嘱必须由遗嘱人亲自到公证机关办理。公证机关对遗嘱人和遗嘱内容审查合格后，应制作遗嘱证明书。遗嘱人、公证员、公证机关应在遗嘱证明书上签字、盖章。

（2）自书遗嘱

自书遗嘱是遗嘱人生前亲手书写的遗嘱。《继承法》第17条第2款规定：“自书遗嘱由遗嘱人亲笔书写、签名，注明年、月、日。”所以自书遗嘱须由遗嘱人亲自书写。根据最高人民法院关于适用《继承法》的司法解释，公民在遗书中涉及死后个人财产处分的内容，确为死者真实意思的表示，有本人签名并注明了年、月、日，又无相反证据的，可按自书遗嘱对待。自书遗嘱无需见证人在场，特点是简便灵活。

（3）代书遗嘱

吴某得肾衰竭后，请两个医生作为证人，并请其中的一位医生为其代书遗嘱的内容。为防止自己死后两个儿子发生矛盾，吴某在遗嘱中对自己的财产进行了分割。小儿子以遗嘱系他人代写无效为由，向法院提出请求。法院认定代书遗嘱有效。

代书遗嘱亦称代笔遗嘱，是由立遗嘱人口述遗嘱内容，他人代为书写的遗嘱。在遗嘱人无文字书写能力或者由于其他原因而不能亲笔写遗嘱的情况下，遗嘱人可请他人代写遗嘱。《继承法》第17条第3款规定，代书遗嘱时应有两个以上的见证人在场，由其中一人代书，代书人书写的遗嘱要经遗嘱人确认，注明年、月、日，并由代书人、其他见证人和遗嘱人签名。

（4）录音遗嘱

录音遗嘱是指立遗嘱人口述遗嘱内容，以录音磁带记录遗嘱人处分其遗产真实意愿的遗嘱形式。《继承法》第 17 条第 4 款规定："以录音形式立的遗嘱，应当有两个以上见证人在场见证。"即见证人要亲自参加遗嘱人制作录音遗嘱的全过程，制作完毕要将遗嘱封存，见证人应亲自录下自己的姓名、见证的时间及地点。

（5）口头遗嘱

朱某在工作中突然昏迷，医生认为朱某的生命只有几天。几年前朱某与妻子离婚，女儿随前妻生活。朱某的父母早年去世，还有一个已成家的弟弟。后在朱某有短时间的清醒时，由医生与护士作证，自己口述，将自己的房子及存款全部给了 9 岁的女儿。

朱某所立的是口头遗嘱。口头遗嘱是由遗嘱人在特别情况下口头表达并不以其他任何方式记载的遗嘱。特别情况是指立遗嘱人只有在生命垂危之际或其他紧急情况下，立遗嘱人无法采取其他形式订立遗嘱时，才可以订立口头遗嘱。《继承法》第 17 条第 5 款规定："口头遗嘱应当有两个以上见证人在场见证。"但危急情况解除之后，立遗嘱人能够用书面或录音形式立遗嘱的，已立的口头遗嘱无效。

50 如何执行遗嘱？

叶某中年丧妻，因悲伤过度，体质极不好。叶某有一子一女。58 岁那年，叶某立了一份遗嘱。遗嘱中叶某将自己的 5

间房屋由儿子继承；彩电、冰箱等由女儿继承。遗嘱中叶某指定了好友王某为遗嘱执行人。2000年叶某去世。王某在执行遗嘱时，叶某的女儿提出父亲有重男轻女的思想，认为遗嘱的内容有违男女平等原则。经过王某的协调，叶某的遗产顺利地分割完毕。

遗嘱的执行是指立遗嘱人死亡、遗嘱发生法律效力后，由特定人按遗嘱对遗产进行分割，以实现遗产所有权的转移。遗嘱执行的前提是遗嘱人生前依法所立的遗嘱和遗嘱人死亡的事实，因此遗嘱只有在遗嘱人死亡之后才能开始执行，通过遗嘱执行人清理遗产、分割遗产及清偿债务等行为，实现遗嘱内容。

遗嘱执行人的产生可以有以下几种情况：

（1）遗嘱人在遗嘱中指定遗嘱执行人。

（2）法定继承人为遗嘱执行人。

（3）遗嘱人所在单位或最后居住地的基层组织为遗嘱执行人。

遗嘱的执行是实现遗嘱继承的重要环节。遗嘱的执行应按遗嘱的内容进行，充分体现遗嘱人的意愿，不得违背法律和社会公共利益。如遗嘱执行人违法操作，背离了遗嘱内容，继承人与受赠人可以提出异议，也可以向法院起诉，要求取消遗嘱执行人资格，并追求其相应的民事责任。

51 如何完成遗嘱的变更与撤销？

姜老太太有3间房。老伴去世得早，姜老太太收养了一个儿子。1990年姜老太太写下遗嘱，房子由养子继承。遗嘱写好后，儿子对姜老太太的态度发生了变化，经常不给老人好脸色，同时对老人生活关照也极少。老人十分伤心。得知老人的处境，村里经常关心和帮助老人。后村里办企业，急需要3间小房。1995年姜老太太更改了遗嘱将其房产赠给了村里。后姜老太太去世。1996年姜老太太的养子向村里主张继承权，遭到拒绝。同年姜老太太的养子诉至法院，但法院以姜老太太的行为撤销了遗嘱为由驳回了养子的诉讼请求。

法院的认定是正确的。

遗嘱是立遗嘱人处分个人财产的行为。在订立遗嘱之后至死亡之前，立遗嘱人如认为自己所立遗嘱存在失误或不妥，均可以依法变更或撤销所订立的遗嘱。

遗嘱的变更是指立遗嘱人对原立遗嘱的部分改变的行为。遗嘱的变更通常有两种方式：

其一，采取修改的方法变更原遗嘱部分内容。

其二，采取立新遗嘱的方法变更原遗嘱的部分内容。

遗嘱的撤销是指立遗嘱人取消原先所立遗嘱的全部内容。撤销遗嘱应是立遗嘱人自己真实意思的表示，并且由立遗嘱人亲自进行，不得由他人代理，更不能委托他人在其死后代为撤销。遗嘱撤销既可以用声明方式，也可以用立新遗嘱的方式。但根据《继承法》第20条的规定，立遗嘱人不得用自书、代书、录音、口头遗嘱来撤销公证遗嘱。

52 什么是遗赠？其法律特征有哪些？

孙师傅一生未结婚。38岁时孙师傅收养一女儿。由于生活琐事双方时常发生矛盾，养女在感情上与孙师傅有了距离。养女在结婚后更是对老人不管不问。在此情况下，孙师傅与养女协议解除了收养法律关系。晚年的孙师傅在社区老年公寓度过了自己的余生。晚年的孙师傅对政府与社会的关心与照顾充满了感激之情，所以孙师傅立下遗嘱，在自己死后愿将自己所有的3间房屋及4万元存款全都赠送给国家。孙师傅去世后，其愿望得到了满足。

遗赠是遗嘱继承的特殊形式。遗赠是指立遗嘱人通过遗嘱的方式将其个人财产的一部或全部赠送给国家、集体或法定继承人之外的人，并在立遗嘱人死亡后发生法律效力的一种民事法律行为。立遗嘱人为遗赠人；接受遗赠的人叫受遗赠人。《继承法》第16条第3款明确规定：“公民可以立遗嘱将个人财产赠给国家、集体或者法定继承人以外的人。”

从遗赠的概念中，我们可以看出遗赠具有下列几个特征：

（1）遗赠是要式法律行为

遗赠必须以立遗嘱的方式完成，否则不具有法律效力。

（2）遗赠是单方民事法律行为

遗赠人只要将赠与财产的意思表示体现在遗嘱中，那么遗赠人死亡之后，该遗赠就有效，无需要事先征得受遗赠人同意。受遗赠人不接受遗赠时，遗赠的财产可依照法定继承的方式由遗赠人的法定继承人继承，或作为无人继承的遗产处理。

（3）遗赠是无偿的民事法律行为

遗赠人给予受遗赠人的必须是财产利益。也即受遗赠人从遗赠人那里得到某种利益，而无需要履行某种义务。遗赠附加的任何义务，不能超过受赠人所享有的权利。

（4）遗赠是遗赠人死亡后发生法律效力的行为

遗赠要在遗赠人死亡后才发生法律效力，并按遗赠人的遗愿，将遗赠物转移给单位或公民。

53 如何区别遗赠与赠与、遗赠与遗嘱继承?

(1) 遗赠与赠与的区别

遗赠与赠与均是无偿地将公民个人所有的财产给予他人的民事法律行为，但两者有着本质上的不同。其区别主要体现在下列三个方面：

第一，行为性质不同。遗赠是单方民事法律行为，赠与则是双方民事法律行为，即赠与行为是必须以双方当事人意思表示一致为前提。

第二，发生法律效力的时间不同。遗赠是在遗嘱人死亡后才发生法律效力，而赠与则是在赠与人活着的时候就会产生法律效力。

第三，形式不同。遗赠要求须采取遗嘱的形式，而赠与可以采取多种形式。

(2) 遗赠与遗嘱继承的区别

遗赠与遗嘱继承都是公民通过订立遗嘱处分自己财产的单方民事法律行为，都是在遗嘱人死亡时遗产所有权转移的方式。但这毕竟是两种不同的取得遗产的方式。其区别也是显而易见的：

第一，主体范围不同。受遗赠人可以是国家、集体组织或法定继承人以外的公民；而遗嘱继承人则只能是法定继承人范围内的一人或数人。

第二，遗产取得方式不同。受遗赠人不直接参加遗产的分配，而是从继承人或遗嘱执行人那里得到遗赠的财产，遗嘱继承人则要直接参与遗产的分配。

第三，清偿债务的责任不同。遗嘱继承人对遗产的继承是全面的，因此继承遗产时应清偿被继承人依法应当缴纳的税款

和债务；而受遗赠人原则上只享受遗赠财产的权利，不承担清偿债务的责任。如果遗产不足以清偿遗赠人的债务时，受遗赠人不得接受遗赠。

54 什么是遗赠扶养协议？其法律特征有哪些？

遗赠扶养协议是指公民与扶养人签订的由公民将自己合法财产一部或全部在其死后移转给扶养人所有，而扶养人承担遗赠人生养死葬义务的协议。

遗赠扶养协议具有下列法律特征：

（1）遗赠扶养协议是一种要式的法律行为

为确保协议的真实性、客观性及法律效力，遗赠扶养协议应采用书面形式。

（2）遗赠扶养协议是双方法律行为

遗赠扶养协议是在遗赠人与扶养人双方协商一致的基础上产生的，协议订立后即具有法律效力，任何一方不可擅自变更或终止协议。

（3）遗赠扶养协议是有偿的法律行为

在遗赠扶养协议中，遗赠人有将个人财产遗赠给法定继承人之外的公民或集体组织所有的义务，同时亦有享受公民或集体组织生养死葬的权利。

（4）遗赠扶养协议订立后，即具有法律效力

协议订立后对双方即具有法律约束力。任何一方不得擅自变更或解除协议。如果变更或解除协议，应由双方共同协议。因变更或解除协议导致损失的，应由过错方承担责任。如果双方均有过错，应分别承担相应的责任。

最高人民法院《关于贯彻执行〈继承法〉若干问题的意

见》第5条明确规定，如果遗赠扶养协议与遗嘱没有抵触，遗产分别按协议和遗嘱处理；如果有抵触，按协议处理，与协议抵触的遗嘱内容全部或部分无效。这说明遗赠扶养协议的效力优于法定继承和遗嘱继承。

55 遗赠与遗赠扶养协议有什么区别？

遗赠与遗赠扶养协议都是遗赠人以遗嘱的方式将个人财产于死后转移给法定继承人之外的公民或集体组织的民事法律行为。但两者在行为的性质、作用等方面尚有诸多不同之处。

（1）行为性质不同

遗赠扶养协议系双方法律行为，遗赠则为单方法律行为。

（2）财产转让的要求不同

遗赠扶养协议系有偿的财产转让，遗赠则为无偿的财产转让。

（3）生效时间不同

遗赠扶养协议自订立协议时生效，遗赠则于遗赠人死亡后才开始生效。

（4）主体要求不同

遗赠扶养协议的受赠人须是具有完全民事行为能力的自然人或集体组织，而遗赠中的受遗赠人则无此要求。

56 如何理解继子女与继父母间的继承权？

继父母与继子女之间只有形成了抚养教育的关系才会形成法律上的权利义务关系，才会互享继承权。但这种继承权可因继父与生母、继母与生父离婚，继子女由生父或生母一方抚养，而使这种继承权归于消灭。同时继父母与继子女还享有双重继承权。也即继子女可享有对生父母的继承权亦可享有与自己形成抚养教育关系的继父母的继承权。只要与继子女的扶养关系存在，继父母既可继承继子女的遗产，同时还可以继承婚生子女的遗产。

57 法律对夫妻有互相继承遗产的权利是如何规定的？

《婚姻法》第24条规定："夫妻有互相继承遗产的权利。"《继承法》规定，配偶继承权必须以夫妻的人身关系作为前提。如果继承开始前双方已离婚，或其婚姻关系已被宣告无效，那么他方无权继承死者的遗产。因此只有在婚姻关系存续期间一方死亡，对方才享有继承权。

涉及配偶继承权应注意理解下列问题：

（1）夫妻为第一顺序的法定继承人。

（2）应划清个人财产与共同财产的界限。

夫妻相互继承遗产时，应先分割夫妻共同财产，然后再继承，防止共同财产作为遗产继承。

（3）对寡妇带产改嫁的要依法保护。

（4）对未办理结婚登记而以夫妻名义共同生活的男女，一方死亡，另一方以配偶身份主张享有继承权的，根据最高人民法院《关于适用〈中华人民共和国婚姻法〉若干问题的解释（一）》第5条的规定处理。该条规定，1994年2月1日民政部《婚姻登记管理条例》公布实施以前，男女双方符合结婚实质要件的，按事实婚姻处理，即另一方享有继承权。1994年2月1日民政部《婚姻登记管理条例》公布实施以后，男女双方符合结婚实质要件的，补办了结婚登记，视为另一方有继承权；未补办结婚登记的，按非法同居关系对待，另一方不能主张继承权。但可以根据《继承法》第14条规定得到适当补偿。

58 女婿或儿媳可否继承岳父母或公婆的遗产？

《继承法》第12条规定，丧偶的儿媳对公婆、丧偶的女婿对岳父母尽了主要赡养义务的可以作为第一顺序的继承人。这一规定充分体现了权利与义务相一致的原则。根据最高人民法院《关于贯彻执行〈中华人民共和国继承法〉若干问题的意见》第30条规定，对被继承人生活提供了主要经济来源，或在劳务方面给予了主要扶助的，应当认定其尽了主要赡养义务或主要扶养义务。所谓主要赡养义务或主要扶养义务，非一般意义上的生活照顾与帮助，必须是在生活上经常帮助与照料，经济上长期供养，否则不能认定其尽了主要赡养义务，也不能成为法定继承人。

59 法律如何规定父母、子女间的继承权？

《继承法》第10条规定父母、子女是第一顺序的继承人。继承开始后，首先由第一顺序的继承人继承。这里所说的子女包括婚生子女、非婚生子女、养子女和形成了扶养关系的继子女。这里所说的父母包括生父母、养父母及有扶养关系的继父母。

60 法律如何规定祖孙之间的继承权？

祖父母、外祖父母有依法继承孙子女、外孙子女遗产的权利。根据《继承法》第10条的规定，祖父母、外祖父母为第二顺序的继承人。没有第一顺序的法定继承人或第一顺序的法定继承人均放弃或丧失继承权，祖父母、外祖父母有继承孙子女、外孙子女遗产的权利。

孙子女、外孙子女对祖父母、外祖父母的遗产有代位继承的权利。根据《继承法》的规定，孙子女、外孙子女不是法定继承人，不能直接继承祖父母、外祖父母的遗产，但是在其父母先于祖父母、外祖父母死亡时，可以代位继承祖父母、外祖父母的遗产。在有第一顺序继承人的情况下，祖父母、外祖父母对孙子女、外孙子女尽了主要抚养义务，可依照《继承法》第14条的规定，有权分得被继承人适当的遗产。

61 法律如何规定兄弟姐妹间的继承权？

我国《婚姻法》并未规定兄弟姐妹间的继承问题，关于这方面的问题，应按我国《继承法》的有关规定处理。根据《继承法》第10条的规定，兄弟姐妹为第二顺序的继承人。即在没有第一顺序的法定继承人或第一顺序的法定继承人全部放弃或丧失继承权时，被继承人的兄弟姐妹有继承遗产的权利。

《婚姻法》第29条正是基于民法中的公平原则及权利与义务相一致的原则，汲取了最高人民法院的司法解释的精粹，从而使这一规定更具操作性、公正性与科学性。

62 什么是继承权？

继承权是公民根据法律规定或合法有效的遗嘱，继承被继

承人遗产的权利。当然要使继承权从期待权转化为现实的继承权须具备下列条件:

(1) 被继承人死亡

如果被继承人未死亡,不能发生继承问题。

(2) 被继承人留有遗产

如果被继承人没有任何遗产,继承权则无从行使。

(3) 继承人未丧失继承权

根据《继承法》第7条规定,继承人有下列行为之一的,丧失继承权:

第一,故意杀害被继承人的。

第二,为争夺遗产而杀害其他继承人的。

第三,遗弃被继承人的,或者虐待被继承人情节严重的。

第四,伪造、篡改或者销毁遗嘱,情节严重的。

63 什么是继承权的放弃?

继承权的放弃是指继承人在继承开始后的法定时间内,不接受被继承人遗产的意思表示。根据《继承法》第25条第1款规定,继承开始后,继承人放弃继承的,应当在遗产处理前,作出放弃继承的表示。没有表示的,视为接受继承。因此只有在继承开始后,遗产分割之前作出的放弃继承的意思表示,才是合法有效的。放弃继承是一种单方法律行为,继承人作出放弃继承的意思表示无须经其他人同意,只有继承人自己作出放弃继承的意思表示才具有法律效力。对采取欺骗、胁迫等非法手段迫使继承人放弃继承权的,应认定无效。当然放弃继承的意思表示应是无条件的。如果以放弃继承权为由拒绝履行法定义务,这种作法是法律所不允许的。根据最高人民法院

《关于贯彻执行〈继承法〉若干问题的意见》第50条的规定，在遗产处理前或在诉讼进行中，继承人对放弃继承后悔的，由人民法院根据其提出的具体理由，决定是否承认。在遗产处理后，继承人对放弃继承翻悔的，不予承认。放弃继承的意思表示应采取书面形式。如用口头形式，本人承认并有其他证据佐证，应当认定有效。在诉讼过程中，继承人向法院表示放弃继承的，人民法院应制作笔录，并由放弃继承的人在笔录上签名。

64 什么情况下，继承人丧失继承权？

付某妻子去世后，自己得了重病。唯一女儿认为父亲经常与母亲吵架，所以导致母亲过早去世。女儿对父亲耿耿于怀。对病重的父亲，女儿未及时送到医院，导致父亲病情恶化死亡。付某的弟弟提出应取消付某女儿的继承权。

所谓继承权的丧失，是指出现特殊情况，法律规定可剥夺继承人的继承权。根据《继承法》第7条的规定，继承人有下列行为之一的，即丧失继承权：

（1）继承人故意杀害被继承人的，丧失继承权。

（2）继承人为争夺遗产而杀害其他继承人的，丧失继承权。

（3）继承人遗弃被继承人或虐待被继承人情节严重的，丧失继承权。

（4）继承人伪造、篡改或销毁遗嘱，情节严重的，丧失继承权。

本案付某女儿的行为属于虐待继承人的行为。虐待继承人是指继承人对被继承人长期打骂、有病不及时医治等行为。对虐待被继承人情节恶劣，不论是否追究刑事责任，均应剥夺其继承权。因此本案付某的女儿应视为丧失继承权。如果付某没有第一顺序的继承人。付某的弟弟作为第二顺序的继承人可以继承哥哥的遗产。

65 请求保护继承权有期限吗？

根据《继承法》第 8 条规定，继承权受到侵害后，继承人向法院请求保护的时间，从其知道权利被侵害时起为 2 年。不知道权利被侵害的，从继承开始之日起为 20 年。超过 20 年，继承人丧失该权利，人民法院不再保护。可见，请求保护继承权是有法定期限的。

66 如何确定继承开始的时间与地点？

（1）继承开始时间的确定

根据《继承法》第 2 条规定，继承从被继承人死亡时开始。即被继承人死亡的时间就是继承开始的时间。被继承人自然死亡的，以其停止呼吸、心脏停止跳动的时间为继承开始的时间；被继承人被宣告死亡的，以法院判决中确定的死亡时间为继承开始的时间。对相互有继承关系的几个人在同一事件中死亡的，根据最高人民法院《关于贯彻执行〈继承法〉若干问题的意见》第 2 条之规定，应先推定没有继承人的人先死亡；如死亡人各有继承人的，推定长辈先死亡；辈分相同的，推定为同时死亡，彼此不发生继承问题，由死者各自的继承人分别继承。

（2）继承开始地点的确定

《继承法》未明确规定继承开始的地点，但从司法实践看，继承开始的地点应是被继承人生前住所地或主要遗产所在地。被继承人生前住所地，通常是被继承人户籍所在地。如果死者最后住所地与遗产所在地不一致应以遗产所在地为继承开始的地点。

67 如何清偿被继承人的债务？

《继承法》规定了继承人继承被继承人遗产时，应承担清偿被继承人生前依法应当缴纳的税款和债务的义务。继承人对被继承人生前所欠债务的清偿责任，以实际取得的遗产为限，超过遗产价值的部分可不清偿因为《继承法》确定的是限定继承的原则。继承人自愿偿还的法律不予干预。如果被继承人债务较多，应首先用遗产清偿被继承人生前所欠债务，之后继承人再按份额分割遗产。如果遗产价值远远超过债务时，可先分割遗产，再按继承人所得遗产比例清偿被继承人的债务。如果继承人放弃继承的，对被继承人的债务则不负清偿责任。如果继承人因放弃继承权而不履行法定义务的，该放弃继承权的行为无效。

68 如何处理无人继承、又无人受遗赠的财产？

无人继承是指从继承开始起至遗产分割时无人承受遗产的情况。无人受遗赠是指无受遗赠人或受遗赠人在得知受遗赠后2个月内不接受遗赠的情况。对无人继承又无人受遗赠遗产，根据《继承法》第32条的规定及最高人民法院《关于贯彻执

行〈中华人民共和国继承法〉若干问题的意见》第57条的规定可进行下列几方面的处理：

无人继承又无人受遗赠的遗产，归国家所有；死者生前是集体所有组织成员的，归所在集体所有制组织所有。遗产因无人继承收归国家或集体组织所有时，按《继承法》第14条规定可以分给遗产的人提出取得遗产的要求时，人民法院应视情况适当分给遗产。

69 《婚姻法》如何保护妇女的财产权益？

《婚姻法》主要是在离婚问题上，充分体现对妇女各种权益的保护。

（1）《婚姻法》明确规定，女方在怀孕期间、分娩后1年内或中止妊娠后6个月内，男方不得提出离婚。在一定时期限制男方的离婚请求权，有助于保护妇女和婴幼儿的身心健康。此外，女方提出离婚或人民法院认为确有必要受理男方离婚请求的，不在此限。这一例外规定也是为了更好地保护妇女的合法权益。

（2）在离婚时共同财产分割问题上，规定了照顾女方的原则。离婚时夫妻共同财产的分割，先由双方协议处理；协议不成时，由人民法院根据财产的具体情况，依照顾子女和女方权益的原则判决。由于历史的原因，男女的经济地位还存在实际的差别，女方的经济地位一般低于男子，所以法律规定了照顾女方的原则。

（3）离婚时，如一方生活困难，另一方应从其住房等个人财产中给予适当帮助。从实际执行的情况看，接受经济帮助的多为女方。

此外，离婚补偿制度及离婚损害赔偿制度的增设对维护妇女的权益具有十分重要的作用。

《妇女权益保障法》是我国第一部保障妇女权益，促进男女平等的基本法。该法第七章专门对妇女在婚姻家庭方面的权益作了具体的保障性规定。其中对离婚后妇女的人身、财产权益的保障比《婚姻法》的规定更加详尽，操作性更强。

随着社会经济的发展和妇女地位的日益提高，男女两性间的实际差别会逐渐缩小，真正的男女平等将会全面实现。

70 《婚姻法》如何保护儿童的财产权益?

我国法律对儿童利益的保护，主要体现在下列几个方面：

（1）明确规定了父母对子女有抚养、教育的义务

父母有保护和教育未成年子女的权利和义务。而且这种义务，不因父母离婚而消除。离婚后，父母对子女仍有抚养和教育的权利和义务。如果父母不履行抚养义务，未成年的或不能够独立生活的子女有要求父母付给抚养费的权利。为了更好的保护婴儿的合法权益，《婚姻法》规定“禁止家庭成员间的虐待和遗弃”、“禁止溺婴、弃婴和其他残害婴儿的行为”。如果父母有虐待、遗弃子女的行为，情节严重的构成虐待罪、遗弃罪，将会受到刑事制裁。

（2）规定了不同情况的子女的平等地位

在我国，除了婚生子女以外，还有非婚生子女、继子女和养子女，不论是那种子女，她们的地位都是平等的。在旧中国，非婚生子女和继子女的地位非常低下。在新中国，国家规定了保护儿童的原则，非婚生子女和继子女等不再受歧视和虐待。《婚姻法》第 25 条规定：“非婚生子女享有和婚生子女同等的权利，任何人不得加以危害和歧视。”第 26 条规定：“养

父母和养子女间的权利和义务，适用本法对父母子女关系的有关规定。”第 27 条规定：“继父母和继子女间，不得虐待或歧视。”上述法律规定切实保障了非婚生子女、继子女和养子女的合法权益。

（3）规定了特定情形下祖父母、外祖父母对孙子女、外孙子女以及兄姐对弟妹的抚养义务

《婚姻法》第 28 条规定：“有负担能力的祖父母、外祖父母，对于父母已经死亡或父母无力抚养的未成年的孙子女、外孙子女，有抚养的义务。”第 29 条规定：“有负担能力的兄、姐，对于父母已经死亡或父母无力抚养的未成年的弟、妹，有抚养的义务。”这一规定符合我国家庭的实际情况，有利于保护儿童的合法权益原则的落实。

71 《婚姻法》如何保护老人的合法权益？

（1）明确规定了子女对父母有赡养扶助的义务

子女对父母的赡养义务不因父母婚姻关系的变化而终止。即子女对父母赡养扶助的义务不因父母的离婚、再婚而消除。这一规定强调如果子女不履行赡养义务，无劳动能力的或生活困难的父母，有要求子女付给赡养费的权利。

（2）明确规定了禁止虐待和遗弃老人

《婚姻法》第 3 条明确规定：“禁止家庭成员间的虐待和遗弃。”在家庭成员间，受虐待和被遗弃的多为妇女、儿童和老人。而近年来，虐待、遗弃老人的问题更加突出。有的寻找各种借口，不承担赡养扶助的义务；有的采取种种手段，虐待老人。这不仅是违反社会主义道德的行为，亦是违法行为。如情节恶劣，构成虐待罪、遗弃罪的，还要受到刑事处罚。

总之，保护妇女、儿童和老人的合法权益，是《婚姻法》的重要原则。随着物质文明和精神文明建设的提高，这一原则将会得到更好的贯彻、落实。

72 什么是抚养？

所谓抚养是父母从物质上、生活上对子女的养育和照料。如负担子女生活费、教育费及其他必要的费用，在生活与学习上照管子女。这是子女健康成长的物质基础。子女从出生起就获得了受父母抚养的权利。法律禁止弃婴、溺婴和其他残害儿童的行为。

父母对未成年子女的抚养是无条件的，父母不可随意推托自己的责任；但父母对成年子女的抚养则是相对的，有条件的。父母仅对不能独立生活的子女承担抚养责任。如成年子女没有劳动能力，或虽然未丧失劳动能力，但其收入不足以维持生活，及仍在继续上学等不能独立生活的条件下，父母才有抚养义务。子女独立生活后，父母在法律上不再具有抚养他们的义务。当然，父母自愿给予子女一定帮助的，法律也不干预。

73 父母对子女抚养期限如何界定？

《婚姻法》未从年龄上规定抚养期限，而是规定父母对子女的抚养到子女能够独立生活为止，人民法院是根据子女实际的生活状况是否独立生活来界定的。最高人民法院《关于适用〈中华人民共和国婚姻法〉若干问题的解释（一）》第20条规定，不能独立生活的子女，是指尚在学校接受高中及其以下学历教育，或者丧失或未完全丧失劳动能力等非因主观原因而无法维持正常生活的成年子女。

74 父母不履行抚养义务时应承担的法律责任是什么？

《婚姻法》第21第2款规定，父母不履行抚养义务时，未成年的或不能独立生活的子女，有要求父母给付抚养费的权利。追索抚养费的请求可以经有关部门调解或者向人民法院提出索要抚育费的诉讼。人民法院受理此类诉讼后，应及时通过调解或判决，确定应支付的抚育费的数额、期限和方法。在必要时，可裁定义务人先行给付被抚养人一定数额的抚育费，以便及时保障子女的合法权益。对应承担抚养责任而拒不履行抚养义务、情节严重的义务人，可依照民事法律的规定强制执行；情节恶劣，构成犯罪的，应依法追究其刑事责任。如果成年子女有工作机会与条件，但是怕苦、怕累而拒绝工作，父母拒付生活费是正当合理的。这样有助于那些已成年的、身体健康、有劳动能力并有就业机会的子女尽快地自食其力。

75 未成年子女给他人造成损害时承担什么责任？

父母承担对未成年子女合法权益进行监督和保护的责任。《民法通则》第11条规定，18周岁以上的公民是成年人，具有完全民事行为能力，可以独立进行民事活动，是完全民事行为能力人。一般而言，18周岁就可以对自己的行为完全负责。所以《婚姻法》第23条只规定未成年子女对国家、集体或他人造成损害时，父母有承担民事责任的义务。《民法通则》第133条规定，无民事行为能力、限制民事行为能力人造成损害时，由监护人承担民事责任。监护人尽了监护责任的，可以适当减轻他的民事责任。有财产的无民事行为能力人、限制民事行为能力人造成他人损害的，从本人财产中支付赔偿费用。不足部分，由监护人适当赔偿，但单位担任监护人的除外。法定代理人的侵权责任制度的设立，有利于及时保护受害方的合法权益，也有利于加强父母管教未成年子女的责任感。

76 成年子女给他人造成损害时，谁承担赔偿责任？

小南19岁，高中毕业后无工作。一次，小南在骑车去看电影的路上，撞倒了孙老太太，导致孙老太太腿部受伤。孙老太太因治疗腿伤，花去医疗费等各种费用3000元。孙老太太向小南提出赔偿请求。小南认为自己没有经济来源，应由父母承担赔偿责任。而小南的父母则认为，小南已满18周岁，自己闯的祸自己承担责任。

《民法通则》规定，16周岁以上不满18周岁的公民，以自己的劳动收入为主要生活来源的，视为完全民事行为能力人。如这类子女给国家、集体、他人造成损失时，应由本人独立承担赔偿责任，父母没有赔偿的责任。但如果致害人年满18周岁，但无独立生活能力的，可由父母先垫付，垫付有困难的应延期支付。法律的这一规定，不仅可以真正有效地保护国家、集体、他人的财产，还对稳定社会秩序及婚姻家庭秩序有着积极的意义。同时也可以防止一些人规避法律，脱逃自己应当承担的法律责任。还可以起到教育群众的作用，增强父母管教、保护子女的责任心。

本案小南没有独立的经济收入，应由其父母先垫付，承担赔偿责任。

77 子女对父母有哪些赡养扶助义务？

《婚姻法》对父母子女关系的规定是双向规定。《婚姻法》第21条在规定父母对子女抚养教育义务的同时，还规定了子女对父母有赡养扶助的义务。

（1）赡养的含义

赡养是指子女在生活上为父母提供必要的生活帮助，或为父母提供必要的经济来源，承担一定的经济责任。尊老、敬老是中国人民的优良传统和美德。保护老人合法权益是我国婚姻立法的要求，也是我国宪法规定的具体实践。在我国现阶段，国家与集体的物质帮助还不能完全取代家庭成员对老人的赡养责任。因此使老人在生活上得到精心照料，精神上得到愉悦与慰藉，是我国目前家庭的最重要职能。

（2）扶助的含义

所谓扶助是指子女对父母在精神上慰藉、生活上给予照顾。让老人幸福、愉快地安度晚年，是每个做子女应尽的义务。对很多父母而言扶助更为重要。那种认为只要每月给父母赡养费，就算是对父母孝敬是认识上的一种误区。

（3）子女不履行赡养义务时应承担的法律责任

具体而言，有负担能力的子女对丧失劳动能力、年老体弱或生活困难的父母，应承担必要的赡养费用。对于不与父母一起生活的子女，应根据父母生活的实际需要，负担父母必要的赡养费。两个以上的子女可以合理地分担对老人的赡养费。成年子女对需要赡养的父母赡养的期限直至父母去世为止。

78 因客观原因父母未抚养的子女是否有赡养父母的责任？

子女不可将父母是否尽了抚养教育的义务作为自己履行赡养父母义务的基础与前提，如果父母是因客观原因未能很好履行抚养义务，在主观上无恶意遗弃子女的故意，子女独立生活后，对生活困难或无经济来源没有完全尽到抚养责任的父母，应有不可推卸的赡养义务。

79 出嫁女儿是否有赡养父母的义务？

子女对父母的赡养义务不因性别不同而有所差别。根据《婚姻法》的规定，子女包括有负担能力的儿子和女儿。因此出嫁的女儿同样有赡养父母的义务。在司法实践中，很多赡养案，父母只追究儿子的责任，并不告女儿。这是重男轻女观念的影响，当事人很难有效地维护自己的权益。一般而言，经说服教育，多数女儿都能自觉地履行赡养父母的义务。没有收入的出嫁女儿也有赡养父母的义务，可从夫妻共同财产中支付赡养费。

80 没有分家析产是否可以不赡养父母？

未分家析产不能作为拒绝赡养老人的理由。子女对父母的赡养义务是法律规定的，因此子女对父母的赡养是无条件的，是不能附带其他条件的，更不能在此问题上与父母讨价还价。以是否分家析产作为赡养父母的先决条件，不仅违背法律规定，更有悖于我国的伦理道德。

81 多子女如何分担赡养扶助父母的义务?

在多子女的家庭中，子女应共同承担赡养扶助父母的义务。应根据每个子女的生活、经济状况进行协调。赡养扶助父母的方式，可视具体情况确定。当父母生病、生活不能自理时，子女除应承担医药费、住院费等费用外，还应承担扶助、护理父母的义务。如子女达成赡养老人的协议之后，情况发生了变化，可以重新协商解决。有关赡养问题出现争议调解不成的，也可以向法院起诉。

82 子女可否拒绝赡养有杀害、遗弃、虐待罪的父母?

根据《婚姻法》的规定，父母有抚养教育子女的权利与义务。根据《继承法》的规定，故意杀害被继承人的，遗弃被继承人的，或者是虐待被继承人情节严重的，丧失继承权。尽管《婚姻法》对此未作明确规定，但我们认为根据有关法律规定，推定凡有遗弃、虐待、杀害子女罪的父母原则上不再享受子女赡养的权利。因为让身心受到严重摧残的受害者去赡养加害人，无论于法、于情、于理均不妥当。如果子女自愿去赡养伤害过自己的父母，法律不予干涉。但如果父母实施的是一般性的虐待行为，情节不严重，未构成犯罪，子女对父母仍应尽履行适当的赡养义务。

83 继子女的法律地位如何?

在家庭关系中，除婚生的父母子女关系外，还存在着继父母和继子女的关系。继父母和继子女间是否发生父母子女间的权利与义务关系还应根据具体情况来定。一般可以分为三种情况：

（1）形成法律抚育关系的共同生活类型

生父或生母再婚后，继子女是由继父或继母抚养、教育，那么继父母与继子女的关系便适用《婚姻法》的有关规定，继父母与继子女的关系等同于父母子女关系。

（2）未形成法律抚育关系的名义型

生父或生母再婚时，继子女已成年，或继子女由生父母承担抚养教育责任，继父母与继子女间未形成抚养教育的关系。因此继父母与继子女间仅是名义上的父母子女关系，彼此之间不发生法律上的权利义务关系。

（3）双重法律关系型

生父或生母再婚后，继子女既受到生父母的抚养教育，同时也受到继父母的抚养和教育。在这种情况下，继子女的权利义务是双重的，继子女既和生父母发生法律上的权利义务关系，也与继父母发生法律上的权利和义务关系。

根据《婚姻法》第 27 条的规定，继父或继母和受其抚养、教育的继子女间的权利和义务，适用本法对父母子女关系的有关规定。也即继子女既要承担赡养其生父或生母的义务，同时，还应负担对继父或继母的赡养义务。在现实生活中，以母亲改嫁、继父非自己的生父为由拒绝承担赡养父母的做法，不仅违背了《婚姻法》的规定，也有悖于社会主义道德风尚。针对此类案件，法院应对当事人进行批评、教育，并促使其改正错误。根据《刑法》的规定，如果继子女拒绝给付赡养费，情节严重的，则构成遗弃罪，法院要依法追究其刑事责任。

84 祖孙之间承担抚养、赡养义务应具备哪些条件?

《婚姻法》第28条对祖孙之间互相承担抚养、赡养义务的规定，一方面充分体现了国家对老年人的关怀，另一方面也说明祖父母、外祖父母与孙子女、外孙子女间履行抚养、赡养义务不是无条件的，而是有条件的。

(1) 被抚养人的父母或被赡养人的子女已经死亡或无力抚养或赡养。

(2) 被抚养人或被赡养人须是未成年人或是需要赡养的老年人。

(3) 抚养人或赡养人须有负担能力。

85 兄弟姐妹间承担扶养义务的条件有哪些?

根据《婚姻法》第29条的规定，兄弟姐妹间承担抚养或扶养义务，须具备下列三个条件:

(1) 被抚养人或被扶养人必须是未成年人或需要扶养的人;

(2) 被抚养人的父母已经死亡或无力抚养或被扶养人丧失劳动能力、孤独无依;

(3) 抚养人或扶养人具有抚养或扶养能力。

86 解除收养关系对养父母支出的生活费和教育费必须补偿吗?

根据《收养法》第30条的规定，收养关系解除后，经养父母抚养的成年养子女，对缺乏劳动能力又缺乏生活来源的养

父母应当给付生活费。因养子女成年后虐待、遗弃养父母而解除收养关系的，养父母可以要求养子女补偿收养期间支出的生活费和教育费；生父母要求解除收养关系的，养父母可以要求生父母适当补偿收养期间支出的生活费和教育费，但因养父母虐待、遗弃养子女的除外。只有这样，可以更公正合理地保护各方当事人的合法权益。

87 离婚登记后，双方对财产、子女抚养引起纠纷如何处理？

男女双方经婚姻登记管理机关办理了离婚登记后，当事人一方不按照离婚协议履行应尽义务的，如对财产、子女抚养问题发生纠纷，当事人可以向人民法院提起民事诉讼。人民法院应当受理并给予妥善处理。由于离婚协议不属于法院应该强制执行的法律文书，没有强制执行力，所以另一方不能向法院申请强制执行。

88 子女抚养费如何负担？

(1) 确定子女生活费和教育费的原则

离婚后，父母双方对子女都有抚养和教育的义务。负担子女生活费和教育费，是父母的一项法定义务，父母不得以任何理由推脱责任。《婚姻法》第 36 条规定：离婚后子女无论由父方或母方抚养，仍是父母双方的子女。父母离婚后，一方抚养的子女，另一方应负担必要的生活费和教育费的一部或全部。如何确定子女生活费和教育费的数额、支付期限和支付办法，《婚姻法》只作了抽象的原则性规定，即离婚后一方抚养的子女，另一方应负担“必要的”生活费和教育费的一部或全部。但是何为必要，《婚姻法》没有作具体说明。根据支付抚育费的一般原理和司法实践，所谓“必要的”应根据子女的实际需要、父母的负担能力和当地的生活水平做出综合判断，以保障子女享有必要的生活条件和教育条件为原则。

（2）确定子女生活费的方式

在确定负担子女抚育费问题上，《婚姻法》规定了父母双方协议和人民法院判决两种方式，并确定协议优先原则。

第一，父母协商

父母协商抚育费问题可以减少冲突缓和矛盾，一般情况下能客观地反映双方的实际能力，有利于协议的执行和子女的身心健康。在理解协议优先原则时应注意：

协议优先原则应充分尊重当事人的意思。在双方协议时可以就抚养费的负担数额、期限、支付方式等问题自由协商。协议优先原则，必须在有利于子女身心健康成长的原则下进行，父母协议不得侵害子女的合法权益。对于父母达成的子女抚养协议，法院应进行审查，如果协议明显不利于子女利益的，不予准许。人民法院根据子女的需要、父母的负担能力和当地的生活水平，审查抚养协议是否损害子女利益。如果查明确对子女利益有损害的，则应通过调解或判决的方式变更抚养费的负担问题。

第二，法院判决

如果父母不能达成抚养费的协议，就应由法院判决确定。法院在受理关于给付的诉讼后，可先进行调解。经法院调解达不成协议的，人民法院可以根据子女的实际需要，父母双方的负担能力和当地的生活水平确定抚养费的数额。

一般而言，非直接抚养方的负担标准，有固定收入的一般

可按其月总收入的20%—30%支付；负担两个以上子女的，可适当提高比例，但一般不得超过月总收入的50%。这里所说的月总收入，是指一个人一个月所获得的劳动报酬总数。如基本工资、工龄工资、奖金以及其他补贴等。但保健费、洗理费、卫生费等完全属于职工个人的不应计算在内。没有固定收入的，抚育费数额应该根据当年总收入或同行业平均收入，参照上述比例确定。有特殊情况的，如双方收入悬殊很大，一方负担较重或子女长期患病的，可以适当提高或者降低比例。如果一方没有经济收入，或者下落不明，可用其财物折抵子女抚养费。

子女生活费和教育费的给付方法，一般采取两种给付方式。一是定期给付，这是给付子女抚育费的一般方式，一般以月、年为支付的时间单位。有固定收入的或虽无固定收入，但每月有相当收入的，应当按月给付。没有固定收入的，可按收益季度或年度，每半年一次或一年一次定期给付。另一种方式是一次性给付，这种方式是按月或年应付的抚育费数额乘以应抚养的年限，计算总数，一次给付完毕。这笔费用属于子女的个人财产，抚养方应为子女妥善保管，合理使用，不得用于子女生活教育之外。

子女生活费和教育费的支付期限。根据《民法通则》的规定，18周岁以上的自然人是完全民事行为能力人，所以一般情况下，子女生活费和教育费的给付期限，一般至18周岁为止。但如果属于以下情况应区别对待：根据《民法通则》规定，16周岁以上18周岁以下的子女已经参加劳动，并且以其劳动收入为主要生活来源，可以维持当地一般生活水平，视为具有完全民事行为能力人，父母可以停止给付抚育费；子女虽已成年，但尚不能独立生活，父母有负担能力的，仍应负担必要的抚养费。

89 离婚时财产如何处理？

《婚姻法》第 39 条规定："离婚时，夫妻的共同财产由双方协议处理；协议不成时，由人民法院根据财产的具体情况，照顾子女和女方权益的原则判决。夫或妻在土地承包经营中享有的权益等，应当依法予以保护。"

如何公平地分割夫妻财产是法律要解决的关键问题。由于夫妻共同财产分割的问题非常复杂，最高人民法院发布的《关于人民法院审理离婚案件处理财产问题的若干具体意见》，对离婚时如何处理夫妻财产问题作了比较具体的规定，所以在分割夫妻财产时应以此《意见》结合《婚姻法》第 39 条的精神处理离婚时的财产问题。

(1) 分清财产的性质

分割夫妻共同财产时，应严格区分夫妻共同财产与个人财产、家庭财产三个方面并应注意保护未成年人的财产。离婚时可供分割的仅限于夫妻共同财产。

第一，夫妻共同财产。《婚姻法》第 17 条规定，下列财产视为夫妻共同财产：夫妻双方在婚姻关系存续期间所得的财产，包括一方或双方的工资、奖金；生产经营的收益；知识产权的收益；继承或赠与所得的财产，但该法第 18 条 3 项规定的除外；其他应当归共同所有的财产。对上述共同财产，夫妻双方享有平等的所有权，原则上应平均分割。但应根据结婚时间的长短、财产来源等具体情况处理，处理时应注意不能降低和损害财产的使用价值。

第二，夫妻个人财产。《婚姻法》第18条规定，下列财产属于夫妻个人财产：一方婚前财产；一方身体受到伤害获得的医疗费、残疾人生活补助费等费用；遗嘱或赠与合同中确定归一方的财产；一方专用的生活用品；其他应归一方的财产。离婚时个人财产原则上归个人所有，但还应根据共同生活期间使用、损耗等情况予以必要的调整。

应注意的是，根据《婚姻法》第19条的规定，夫妻可以书面约定婚前财产以及婚姻关系存续期间所得的财产的归属，可以约定为全部共有或各自所有，也可以规定部分共有、部分各自所有。只有在双方未作约定的情况下，才按照《婚姻法》第17条、第18条及相关司法解释的规定来认定个人财产与共同财产的范围。

第三，家庭共有财产。家庭共有财产是指家庭成员共同积累、购置、受赠的财产，家庭成员交给家庭的财产和共同生活期间共同劳动的收入等。家庭共有财产，归家庭成员所有。夫妻离婚时只能分割夫妻的共同财产，不能分割其他家庭成员的财产。

第四，未成年子女的财产。未成年子女的财产包括受赠和分家析产及其他途径获得的财产。未成年子女的财产，归未成年子女所有。父母离婚后，未成年子女的财产应由负责抚养的一方代为管理。

（2）离婚时分割夫妻共同财产的具体步骤

分割夫妻共同财产应先由当事人进行协商。协议不成时由人民法院根据有关法律规定和具体情况进行判决。在具体操作中应注意以下几个问题：

第一，夫妻双方对财产归谁所有以书面形式约定，或以口头形式约定，双方无争议的，离婚时应按约定处理。但是规避法律或者逃避债务的约定无效。

第二，夫妻分居两地分别管理、使用的婚后所得财产，应认定为夫妻共同财产。在分割财产时，各自分别管理、使用的财产归各自所有。双方所分财产相差悬殊的，差额部分，由多得财产的一方以差额相当的财产抵偿另一方。

第三，已登记结婚，尚未共同生活的，一方或双方受赠的礼金、礼物应认定为夫妻共同财产，赠与合同中指明归一方所有的情形除外，具体处理时应考虑来源、数量等情况合理分割。各自出资购置、各自使用的财物，原则上归各自所有。

第四，夫妻共同财产，原则上均等分割。根据生产、生活的实际需要和财产来源等情况，具体处理时也可以有所差别。个人专用的物品，归个人所有。

第五，对于一方以夫妻共同财产与他人合伙经营，入伙的财产可分给一方所有。分得入伙财产的一方对另一方应给予相当于入伙财产一半价值的补偿。

第六，属于夫妻共同财产的生产资料，可分给有经营条件和能力的一方。分得该生产资料的一方对另一方应给予相当于该财产一半价值的补偿。

第七，对夫妻共同经营的当年无收益的养殖、种植业等，离婚时应从有利于发展生产、有利于经营管理考虑，予以合理分割或折价处理。

第八，夫妻关系存续期间一方所取得的知识产权，尚未取得经济利益的，归一方所有。在分割夫妻共同财产时，可根据具体情况，对另一方予以适当照顾。

第九，婚前个人财产在婚后共同生活中自然毁损、消耗、灭失，离婚时一方要求以夫妻共同财产抵偿的，不予支持。

第十，借婚姻关系索取财物，离婚时，如结婚时间不长，或者索要财产造成对方生活困难的，可酌情返还。对取得财物的性质是索取还是赠与难以认定的，可按赠与处理。

90 处理夫妻共同财产时应依据哪些原则？

对夫妻共同财产的处理应坚持保护未成年子女合法权益原则；坚持男女平等原则；保护妇女合法权益原则；有利于生产、方便生活的原则；尊重当事人意愿的原则；不得损害国家、集体和他人利益原则。

91 离婚时如何处理公房使用、承租问题？

对于法院认定为双方均可承租的公房在处理时，应当遵循以下几个原则：

（1）双方协商一致原则；

（2）照顾公房单位一方利益；

（3）照顾抚养子女的一方；

（4）男女双方在同等条件下照顾女方；

（5）照顾残疾和生活困难的一方。

关于住房问题，《婚姻法》并未明确规定，但最高人民法院的司法解释仍可参考。根据最高人民法院《关于审理离婚案件中公房使用、承租若干问题的解答》的规定，处理这类问题应把握几个方面：

第一，夫妻共同居住的公房，有下列情形之一的，离婚双方均可承租：婚前由一方承租的公房，婚姻关系存续5年以上的；婚前一方承租的本单位房屋，离婚时双方均为本单位职工的；一方婚前借款投资建房取得的公房承租权，婚后夫妻共同偿还借款的；婚后一方或双方申请取得公房承租权的；婚前一方承租的公房，婚后在该承租房屋拆迁而取得房屋承租权的；夫妻双方单位投资联建或联合购置的共有房屋的；一方将其承租的本单位的房屋，交回本单位或交给另一方单位后，另一方单位另给调换房屋的；婚前双方均租有公房，婚后合并调换房屋的；其他应认定夫妻双方均可承租的情形。

第二，对不宜分割使用的夫妻共有的房屋应根据双方住房情况和照顾抚养子女一方的原则分给一方所有。分得房屋的一方对另一方应给予相当于该房屋一半价值的补偿。在双方条件等同的情况下，应照顾女方。

第三，婚姻关系存续期间居住的房屋属于一方所有，另一方以离婚后无居住为由，要暂住的，经查证属实可据情予以支持，但一般不超过2年。无房一方租房居住经济上确有困难的，享有房屋产权的一方可给予一次性经济帮助。

92 如何处理农村承包责任田的问题？

我国《婚姻法》第39条第2款规定："夫或妻在家庭土地承包经营中享有的权益等，应当依法予以保护。"

所谓承包责任制是指村民与生产队以承包经营合同的形式，明确双方权利义务关系的一种法律制度。承包责任田的划分一般以户为单位，在离婚时承包责任田的处理往往关系到任何一方今后生存问题，因此人民法院在判决此类离婚案时，应当协同村委会的基层领导将责任田划分，并对双方的具体情况予以考虑。

93 法律对离婚时夫妻补偿权如何规定？

《婚姻法》第 40 条规定："夫妻书面约定婚姻关系存续期间所得的财产归各自所有，一方因抚育子女、照料老人、协助另一方工作等付出较多义务的，离婚时有权向另一方请求补偿，另一方应当予以补偿。"本条是关于离婚时夫妻补偿权的规定，在保护夫妻约定优先的同时，兼顾了对在家庭中对抚养子女，照顾老人，协助另一方工作付出较多义务的一方的补偿的保护，这一制度体现了法律的公正、补偿与保护之功能，具有一定的现实意义，使我国的离婚制度更加完善。

二、家庭财产纠纷的法律界定及处理途径

1 12000元彩礼是否属于借婚姻索要的财物？

常某经人介绍与农村女青年钱某相识，经一段时间的了解，双方感到情投意合。2002年1月，常某与钱某举行了订婚仪式。按当地习惯，女方要了10000元彩礼，并与男方商定2002年4月举行婚礼。春节过后，常某又自愿给钱某2000元买首饰。但此后钱某寻找各种理由，拒绝见常某。当常某提出结婚时，被钱某回绝，认为双方应慎重考虑。常某十分气愤，提出如果不结婚，钱某应退回10000元彩礼，并应返还买首饰的2000元。钱某则认为彩礼是常某主动赠给的，不是自己要的，彩礼不能退。双方多次协商未果。

《婚姻法》第3条明确规定："禁止借婚姻索取财物。"最高人民法院《关于人民法院审理离婚案件处理财产分割问题的若干具体意见》第19条规定，借婚姻关系索取的财物，离婚时，如结婚时间不长，或者因索要财物造成对方生活困难的，可酌情返还。

借婚姻索取财物是指除买卖婚姻以外的其他借婚姻索取财物的行为。在这种情况下，男女双方的婚姻其本上是自愿的，

但一方向另一方索要许多财物，以此作为结婚的前提。借婚姻索取财物不仅妨碍了婚姻自由原则落实，同时败坏了社会风气，给当事人生活带来极大困难，极易引发家庭纠纷。

本案中，钱某不同意与常某结婚受法律保护。由于钱某在订婚时向常某索要 10000 元彩礼，系借婚姻索要财物的行为，为我国法律明确禁止。

本案常某要追回 10000 元是有充分法律依据的，钱某应适当返还。买首饰的 2000 元则系常某自愿赠与，非钱某索要，因此可以不予返还。

常某可以选择下列方式解决这一纠纷：

（1）可以与钱某协商；

（2）可以找村委会调查或到律师事务所、乡、镇法律服务所等有关部门进行调解，力度会大些；

（3）可以向法院起诉。

2 领取结婚证但未举行婚礼的男女有继承权吗？

项某（男）与赵某在网上聊天室认识，两人最终从网上走进现实，并且相恋。他们于 2002 年 5 月领取了结婚证，并商量在 8 月 18 日男方生日那天举行婚礼。2002 年 7 月 4 日项某参加同事的婚礼，酒精中毒死亡，留下 3 万元存款。赵某向公婆提出继承遗产，但项某的父母认为赵某克夫，才使儿子酒精中毒，且双方尚未举行结婚仪式，也不产生夫妻间的权利义务关系，因此赵某没有继承权。赵某则认为与项某进行了结婚登记，从法律上就是合法夫妻，是否举行仪式并不重要，因此认为从法律上自己有继承项某遗产的权利。本案赵某有权继承项某的遗产吗？

本案赵某有权继承项某的遗产。

《婚姻法》第 8 条规定："要求结婚的男女双方必须亲自到婚姻登记机关进行结婚登记。符合本法规定的，予以登记，发给结婚证。取得结婚证，即确定夫妻关系。"这一规定说明在我国结婚登记是唯一合法的结婚程序。只要双方符合结婚的法定条件，办理了结婚登记手续，就已形成了夫妻间的权利和义务关系，是否举行结婚仪式并不影响夫妻关系的法律效力。《婚姻法》第 24 条明确规定："夫妻有相互继承遗产的权利。"这一规定意味着配偶继承权是基于婚姻产生的，即只要男女双方依法登记结婚，他们就互享继承权。《继承法》第 10 条还规定，配偶、子女、父母是第一顺序法定继承人。

本案中，项某与赵某虽未举行婚礼，但因双方依法进行了结婚登记，便形成了合法有效的夫妻关系，依法应该互享继承权。项某的父母和赵某同为第一顺序法定继承人，但是在具体继承遗产的份额上，应根据继承人对被继承人所尽义务的具体情况来确定。项某的父母年事已高，且对项某所尽义务的时间相对较长，应多分得一些遗产；而赵某由于结婚时间很短，并且尚未与项某在一起共同生活，所尽义务较少，可以少分一些。这样可以体现公平原则。

赵某可和公婆认真平等协商，如果不能协商，可请亲朋好友或双方所在单位进行调解，上述措施均无效的情况下，可以向人民法院起诉主张自己的继承权，法院会依据事实与法律支持赵某的合理请求。

3 婚姻被宣告无效后，如何处理男女同居期间的财产？

河北省某村青年方某（男）与湖北省某村的刘某在深圳打工时相识。两人经过半年的了解，决定结为夫妻。当时男方24周岁，女方只有18周岁。两人通过关系更改了相关证件，于2001年12月到婚姻登记机关领取了结婚证。婚后，方某带刘某一起回到河北老家。双方共同生活期间存款2万元，并购置了彩电与冰箱等生活用品。因刘某不习惯北方生活，加之双方缺乏了解与沟通，矛盾不断。为此，2002年7月，方某向法院提出要求宣告婚姻无效。法院依法判决该婚姻无效。那么法院如何处理男女同居期间的财产问题呢？

根据《婚姻法》第10条规定，未达法定婚龄的，婚姻无效。关于无效婚姻的法律后果，《婚姻法》第12条明确规定："无效或被撤销的婚姻，自始无效。当事人不具有夫妻的权利和义务。同居期间所得的财产，由当事人协议处理；协议不成时，由人民法院根据照顾无过错方的原则判决。"也就是说，当婚姻被判无效时，该婚姻自始不受法律保护，同居在一起的当事人不能取得合法夫妻身份，也不产生夫妻间的权利和义务。因此，在同居期间的财产，不适用《婚姻法》关于夫妻财产制的规定，不能按我国离婚制度的有关法律规定处理。

最高人民法院《关于适用〈中华人民共和国婚姻法〉若干问题的解释（一）》第15条规定："被宣告无效或被撤销的婚姻，当事人同居期间所得的财产，按共同共有处理。但有证据证明是一方所有的除外。"

当婚姻被宣告无效后，同居期间的财产先由当事人协商处理，协商不成时，可由法院裁决。

男女双方在同居期间，共同经营所得收入，或者共同出资购置的财产，不论其份额比例多少，当婚姻被宣告无效后，一律按共同共有财产处理。这一规定，有利于保护妇女的合法利益。当然如有充分证据证明应属一方所有财产的例外。如一方因继承、遗赠、赠与所获得合法收入，一方同居前的个人财产、一方因受到伤害所得的补偿金、伤残补助费用等都应归其本人所有。同时，如果因一方有过错而导致婚姻无效的，应注意照顾无过错方的利益。

本案中，方某和刘某的婚姻因刘某未达到法定婚龄而导致婚姻关系无效，不能按离婚处理。所以方某或刘某可依法向婚姻登记管理机关或法院申请宣告该婚姻无效。在双方婚姻关系存续期间的共同存款2万元，彩电、冰箱等财产应先由双方协商处理，不能协商处理时，应根据共同共有原则进行处理。对彩电、冰箱可以折价分割，具体分割时，应考虑到照顾女方和子女利益的原则、无过错方等原则。

4 未办登记男方死亡，女方能够继承男方的10万元保险金吗?

被继承人汪老根1989年与妻子袁某离婚，儿子汪强随袁某共同生活。1993年10月，汪老根经人介绍认识了丧偶妇女许某，双方在1994年1月举行了结婚仪式，开始以夫妻名义同居生活。1999年汪老根为自己投保了人身保险，保险金额为10万元，保单中未指明受益人。2002年1月，被继承人汪老根生病去世，获保险金10万元。汪强和许某因10万元保险金的归属发生分歧，汪强认为自己是唯一合法继承人，10万元应归自己所有。许某则认为，自己与汪老根以夫妻名义共同生活多年，有权以妻子的身份继承遗产。本案中，许某能否对10万元保险金主张权利？

10万元是由被继承人汪老根生前投保而形成被保险人死亡后所产生的保险金。投保时，未指定受益人，根据《保险法》规定，应作为被保险人的遗产。本案中10万元即为汪老根的个人遗产。由于汪老根生前没有立下遗嘱，根据《继承法》的规定，遗产应按法定继承处理。

本案中，汪强作为汪老根的儿子，是第一顺序的继承人，毫无疑问享有继承权。另一方面，如果能确定许某是被继承人汪老根的配偶，即许某和被继承人汪老根是夫妻，那么，根据《婚姻法》第24条第1款规定："夫妻有相互继承遗产的权利。"及《继承法》的规定，许某也依法享有继承权。

根据最高人民法院《关于适用〈中华人民共和国婚姻法〉若干问题的解释（一）》第6条的规定，未按规定办理结婚登记而以夫妻名义同居生活的男女，一方死亡，另一方以配偶身份主张享有继承权的，按照本解释第5条的原则处理。该《解释》第5条规定："未按婚姻法第八条规定办理结婚登记而以夫妻名义同居生活的男女，起诉到人民法院要求离婚的，应当区别对待：（一）1994年2月1日民政部《婚姻登记管理条例》公布实施以前，男女双方已经符合结婚实质要件的，按事实婚姻处理；（二）1994年2月1日民政部《婚姻登记管理条例》公布实施以后，男女双方符合结婚实质要件的，人民法院应当告知其在案件受理前补办结婚登记；未补办结婚登记的，按解除同居关系处理。"根据最高人民法院《关于人民法院审理未办结婚登记而以夫妻名义同居生活案件的若干意见》第13条规定："同居生活期间一方死亡，另一方要求继承死者遗产，如果认定为事实婚姻关系的，可以配偶身份按继承法的有关规定处理；如认定为非法同居关系，而又符合继承法第十四条规定的，可根据相互扶助的具体情况处理。”就是说，如果同居双方被认定为事实婚姻关系，另一方可以配偶身份按《继承法》的有关规定处理。

本案许某和汪老根是在1994年1月举行的结婚仪式，当时双方均已符合结婚的实质要件，属于1994年2月1日民政部《婚姻登记管理条例》公布实施以前未办结婚登记以夫妻名义同居生活的男女，双方形成了事实婚姻关系。因此，许某作为事实婚姻的一方当事人，有权在其配偶死亡时，以配偶的身份享有第一顺序的法定继承权。所以，汪强和许某对10万元保险金享有共同所有权，原则上应该均分。

许某应与汪强平等协商，争取自己应有的财产份额，或寻求居委会、双方所在单位的帮助，由这些部门调解解决，必要时也可以到人民法院寻求诉讼途径解决。

5 寡妇可带产改嫁吗？

在南方某村，孙某（女）经人介绍认识了邻村男青年黄某，两人经过了解，感觉彼此相处十分愉快。一段时间之后两人到婚姻登记机关领了结婚证，并举行了隆重的结婚仪式。婚后孙某与丈夫黄某互相理解，互敬互爱。孙某与公婆的关系相处也十分融洽。2001年黄某外出打工，回家坐船时，遇到海浪，小船超载，黄某不幸遇难。黄某去世后，很多人给孙某介绍对象。但孙某都不太满意。一个偶然的机会，孙某认识了邻村复员军人梁某。孙某认为梁某正是自己理想中的爱人。梁某认为孙某通情达理，也是一个难得的好女人。两人决定结婚。

当孙某将再婚的想法告诉公婆后，公婆表示无法接受。并提出如果孙某不结婚，可以在原来的房子里继续住。如果再婚，就不许带走房子及应得的财产。

《继承法》第9条规定：“继承权男女平等。”《继承法》第30条规定：“夫妻一方死亡后另一方再婚的，有权处分所继承的财产，任何人不得干涉。”《继承法》第10条规定，第一顺序的继承人包括配偶、子女、父母。根据《妇女权益保障法》第30条的规定：“国家保障妇女享有与男子平等的财产权利。”《妇女权益保障法》第34条规定：“妇女享有的与男子平等的财产继承权受法律保护。在同一顺序法定继承人中，不得歧视妇女。丧偶妇女有权处分继承的财产，任何人不得干涉。”

公婆阻挠丧偶儿媳继承遗产的情况在农村具有一定的普遍性。根据我国《继承法》及《婚姻法》的规定，孙某完全可以将属于自己的财产及继承丈夫的财产折价或变卖带走。如果孙某经多种努力，其公婆仍然阻止其带走财产的话，孙某可以通过村委会调解此事，如果村委会调解失败，孙某可以诉请人民法院保护自己的财产权。

6 丈夫有权继承岳父母抽奖所得的20万元吗?

冯某与谢某（女）在一次联谊会上相识，之后双方谈起恋爱。2000年2月，冯某与谢某父母到火车站前购买彩票，谢某父母亲自抽奖，其中一张中大奖近20万元。扣除税款及各种费用，还有14万元。几天后谢某父母在车祸中丧生，并留下14万多元的存款。谢某还有一个妹妹。遗产每人各7万元。其中10万元双方各5万，在2001元6月前均拿到手，但是另外4万元还需要一年时间才到期。2001年9月冯某与谢某举行了简单的婚礼。2001年12月谢某将4万元取出，并给了妹妹2万元。婚后冯某对谢某的生活不管不问，且双方的性格差异极大。谢某对婚姻深感绝望。2002年双方经过协议对离婚及对其他财产归属无争议，但是对2万元的归属存在分歧。冯某认为自己与谢某的父母同到火车站购买彩票，对谢某父母的遗产自己也有权继承。妻子婚后继承的2万元是夫妻共同财产还是妻子一方婚前个人财产？丈夫有权与妻子平等分割那一笔2万元的遗产吗？

《妇女权益保障法》第31条规定："在婚姻、家庭共有财产中，不得侵害妇女依法享有的权益。"《婚姻法》第17条规定，一般情况下，夫妻在婚姻关系期间所得财产归夫妻共同所有。根据《婚姻法》第17条规定"所得财产"是指：工资、奖金；生产、经营的收益；知识产权的收益；继承或赠与所得的财产。无论继承人、受赠人是夫妻一方或夫妻双方，其继承和受赠所得财产均属夫妻夫同财产，但在遗嘱或赠与合同中指明一方的财产，属于该继承人或受赠人个人所有。上述规定说明夫妻离婚时只能对共同财产予以分割，对婚前个人财产则不能作为夫妻共同财产进行分割。根据我国法律规定的精神，继承人取得遗产的权利应从被继承人死亡或宣告死亡时开始，分割遗产的时间不能作为继承开始的时间，放弃继承的效力追溯到继承开始的时间。根据《继承法》第2条规定，继承从被继承人死亡时开始。

2000年2月谢某父母死亡时，继承就已开始，但是因4万元是定期存款，暂时不能取出。这说明有时权利取得与财产的实际取得时间不同步。根据《婚姻法》、《民法通则》、《继承法》的有关规定，这笔遗产取得的时间是在婚姻关系成立之前，根据我国民法所有权取得的原理，2万元属谢某婚前个人财产。根据《婚姻法》第18条的规定，2万元遗产应归谢某个人所有，冯某无权分割。

7 是个人债务，还是家庭共同债务?

小生（男）高考落榜后，因家庭困难，便到工商部门申请办理了营业执照，开了红叶饭店。小生以个人名义办的执照，但由其父母投资，并与父母一起经营。小生的姐姐小梅，未参与投资与经营。但小梅在父母家住，并用自己的工资购置了空调、洗衣机及电脑，价值1万8千多元。小生在资金困难的情况下，向好友小刚借了2万元。但由于红叶饭店在当地缺乏特色，且客源太少，最终还是关闭。小刚此时向小生催讨2万元借款，小生认为红叶饭店已不复存在，拒绝还款。小刚则认为小生完全可以变卖空调、洗衣机及电脑。小生则认为那些财产属姐姐个人的财产与家庭无关。小刚在无奈之下向法院起诉，坚决要求红叶饭店承担清偿责任。

《民法通则》第26条明确规定："公民在法律允许的范围内，依法经核准登记，从事工商业经营的，为个体工商户。个体工商户可以起字号。"由此可见，个体工商户是我国民法所确认的民事主体，在民事经济活动中享受权利并承担义务。当个体工商户的法律地位得到法律确认后，即领取营业执照后，法律就会赋予其民事权利，当然亦要承担一定的民事责任。根据《城乡个体工商户管理暂行条例》第12条的规定，个体工商户吊销营业执照时，应当向债权人清偿债务。因此红叶饭店倒闭，并不意味着小生可以推脱自己的责任。根据《民法通则》及最高人民法院的司法解释，尽管红叶饭店是小生以个人名义登记的，但其父母投资并参与经营，属共同经营人，因此，仅以小生个人财产清偿债务显然不妥，应以其家庭共有财产予以清偿。《民法通则》29 条规定，个体工商户的债务，个人经营的，以个人财产承担；家庭经营的，以家庭财产承担。由于小生的姐姐未参与投资与经营，非共同经营人，因此小生的姐姐购置的空调、洗衣机及电脑应属于其个人财产，不能用作清偿债务。因此债务应由小生与其父母共同清偿。

8 承包合同在一方死亡后是否继续有法律效力？

刘某与村委会订立了 5 年的承包合同，承包村里的鱼塘。刘某的 3 个儿子亦都参与了经营与管理。刘某的大儿子小林在订立合同后不久，便与一位女青年杨某结婚。其妻结婚时的嫁妆有摩托车、彩电与冰箱等。杨某并未参与鱼塘的劳动。不久，刘某得病去世。由于刘某的 3 个儿子经验不足，鱼塘经营不善，负债很多，所有资产尚不足以清偿债务。村里要求用刘某儿媳妇的部分嫁妆清偿债务。小林则认为父亲去世，合同已失效，况且，子辈无义务替父辈清偿债务，更不能用妻子的嫁妆清偿债务。双方协议不成，在此情况下，村委会向法院起诉，要求确认合同有效，认为刘某的儿子负有承担相应责任的法律义务。

我国《民法通则》首次以基本法的形式提出了农村承包经营户的概念。该法第 27 条规定：“农村集体经济组织的成员，在法律允许的范围内，按照承包合同规定从事商品经营的，为农村承包经营户。”最高人民法院《关于贯彻执行〈中华人民共和国民法通则〉若干问题的意见》第 42 条则进一步规定："个人承包的农村承包经营户，用家庭共同财产投资，或者收益的主要部分供家庭成员享用的，其债务应以家庭共有财产清偿。"第43条规定："在夫妻关系存续期间，一方从事个体经营或者承包经营的，其收入为夫妻共有财产，债务亦应以夫妻共有财产清偿。"

从本案看，刘某订立承包合同尽管是以个人名义，但实际上代表的是全家利益所为，其承包属于家庭共同承包。在发包人没有事先提出变更或解除合同的情况下，承包人的死亡并未导致合同效力必须消失，因为尚有其他的民事主体存在，原承包合同仍有效。刘某儿子单方提出解除合同的行为是不具有法律效力。如果这一承包合同有效，意味着刘某的3个儿子应根据合同的规定交纳合同约定的款项。刘某之妻未介入到承包的经济关系中来，不能成为承包合同的主体之一，当然也不能以其个人财产来清偿有关的债务。

9 哪些房屋属于家庭共有房产？

家庭共有房产是指家庭成员在家庭共同生活关系存续期间共同创造、共同所得的房产。包括家庭成员在家庭共同生活关系存续期间用共同收入建立、扩建、购置的房产，家庭成员交给家庭的房产，家庭成员享有平等的占有、使用、收益和处分的权利，并承担平等之义务。

10 共同使用的庭院、中堂、大门等权属应如何确认？

在现实生活中，习惯上中堂、庭院、大门等属于多户人家共同使用。其所有权和使用权的归属应根据不同的情况进行确认：

（1）共有共用

祖父母与孙子女等都共同在同一院里生活，这些庭院、中堂及大门不分割产权，所有权和使用权归各家共同所有。

（2）共有使用权

产权归属一户，但使用权归大家所有。

（3）使用权归属各户

在土改时确权为一户所有，但使用权归各户所有。

（4）产权归各户共同所有

原属各户共同所有、共同使用。土改时并未改变产权，有的土地证上载明共有，有的则未载明，此类情况应认定为产权归各户共同所有。对共有的庭院、中堂及大门等共有人是否可以处分自己的份额主要取决于该共有关系是共同共有还是按份共有。如果是共同共有，共同共有关系的共有人则不能出卖自己的份额；如果是按份共有关系的共有人可以出卖自己的份额。因为共同共有关系中各共有人平等地享有共有房产的权利，承担平等的义务，并无份额可言，因而不能出卖共有的份额。

11 丈夫擅自处分继承的遗产是否侵犯妻子的财产权利？

吴某与妻子结婚 6 年，双方感情十分融洽。1998 年吴某的母亲突然去世。母亲去世后，吴某得到母亲的 5 万元遗产。后吴某的父亲因悲痛过度病倒，吴某的两个哥哥却为母亲的遗产问题打得不可开交。吴某感到特别伤心，为使父亲晚年有很

好的照料，吴某将继承的5万元转到父亲的名下。两个哥哥知道后，感到十分羞愧，重归于好。但吴某的妻子知道后不同意，认为吴某无权擅自处分这部份继承的遗产，因为5万元是夫妻共同财产。吴某则认为自己继承的5万元当然应属个人财产，自己有独立的处分权。

我们认为吴某无权擅自处分自己继承的遗产，吴某继承的遗产是夫妻共同财产而非吴某的个人财产，因此吴某擅自处理这笔遗产的行为是违法的。根据《婚姻法》第17条的规定，夫妻在婚姻关系存续期间所得的财产归夫妻共同所有，夫妻对共同财产具有平等的所有权与处理权。

本案中吴某继承的财产不存在遗嘱中确定只归吴某一方所有的情况，吴某继承的财产属于夫妻共同财产。最高人民法院《关于适用〈中华人民共和国婚姻法〉若干问题的解释(一)》第17条规定：“夫或妻在处理夫妻共同财产上的权利是平等的。……夫或妻非因日常生活需要对夫妻共同财产做重要处理决定，夫妻双方应当平等协商，取得一致意见。”吴某在对继承财产进行处分时，应与妻子协商并达成一致意见。未经妻子同意，吴某擅自将继承财产给父亲，尽管是孝心的表现，但是违背有关法律规定。

12 尽了主要赡养义务的丧偶儿媳有权继承公婆的遗产吗？

曲某（男）与吴某婚后生有两个儿子、一个女儿。长子曲小强自小学习十分刻苦。长大后考取大学并在上海工作。次子曲小非初中毕业就开始务农。女儿曲静则远嫁他乡。为了使老人身边有个照应，曲小非决定在家乡找对象，经人介绍认识了小梅。小非认为小梅善良、勤快、孝敬老人很难得。经过了解，两人结为夫妻。一年后，小非却突然身患重病，并很快去世。失去了儿子的老人精神上受到极大刺激，双双病倒。此时的小梅，为了照顾多病的老人，没有再嫁人。后来小梅的公婆先后病逝。小梅与曲小强、曲静一起料理了老人的后事。在清理遗产的过程中，发现曲某夫妇有 8 间房屋，还有 6 万元存款。曲静认为这些财产是父母的遗产，根据法律的规定应由她与哥哥全部继承，但是可以给小梅一定的补偿。小梅认为自己对公婆尽了主要赡养义务，应继承其中的部分遗产。

《继承法》第 12 条规定“丧偶儿媳对公、婆、丧偶女婿对岳父、岳母，尽了主要赡养义务的，作为第一顺序的继承人。”《继承法》第 13 条规定：“同一顺序的继承人继承遗产的份额，一般应当均等。对生活有特殊困难的缺乏劳动能力的继承人，分配遗产时，应当予以照顾。对被继承人尽了主要扶养义务或者与被继承人共同生活的继承人，分配遗产时，可以多分。”上述规定说明，尽了主要赡养义务的丧偶儿媳有权继承公婆的遗产。

本案中，小梅与小非婚后就与公婆生活在一起。当丈夫去世后，小梅为公婆提供了主要的劳务与经济帮助等，如生活上照料、物质上关心等。这一切可以充分说明，小梅作为丧偶儿媳对公婆尽了主要赡养义务，应作为第一顺序的继承人继承公婆遗产。根据《继承法》的规定，小梅、曲静、曲小强均为第一顺序的继承人。小梅对公婆尽了主要赡养义务，因此在分配遗产时应适当多分。曲静与哥哥平常对父母生活上、经济上关照少些，应少分。这充分体现了权利与义务相一致的原则。

小梅可与曲静、曲小强共同协商解决这一问题；协议不成可以通过亲朋好友或有关部门予以调解；也可以诉请人民法院解决。

13 法院判决的3万元为何不能执行？

杨某与丈夫金某因感情不合，于2001年1月由法院判决离婚。当时法院判决金某给杨某3万元经济帮助，但未确定给付时间。法院判决后，因杨某工作较忙，3万元存款单一直在前夫手中。杨某认为早点晚点也无所谓，反正法院已作出判决。2003年8月金某准备到美国留学，临行前，杨某向金某索要3万元，可是金某就是不给。当杨某提出将通过法院解决此问题时，金某却说法院不会管此事。当杨某向法院申请强制执行时，法院并未支持杨某的申请。

对法院判决的3万元，杨某确实失去了向法院申请强制执行的权利。根据《民事诉讼法》第215条规定："申请执行的期间为二年。申请执行时效的中止、中断，适用法律有关诉讼时效中止、中断的规定。前款规定的期间，从法律文书规定履行期间的最后一日起计算；法律文书规定分期履行的，从规定的每次履行期间的最后一日起计算；法律文书未规定履行期间的，从法律文书生效之日起计算。"对具有法律效力的判决，一方当事人拒绝履行的，另一方当事人可向法院申请强制执行。但是申请人必须在法律规定的期限申请法院执行，当期限届满后，当事人就失去了向法院申请强制执行的权利。这一规定旨在推进当事人及时地享受权利、及时地承担法定义务。本案中的杨某与金某早在2001年1月就被判决离婚。如果金某不肯履行法定义务，杨某应在2003年1月前向法院申请强制执行。但杨某未在法定期限内申请强制执行，超过法定期限又无特别充分的事由，所以法院不受理杨某强制执行的申请符合法律规定。

14 非法同居期间，一方死亡后，另一方有继承权吗？

景某（男）在朋友生日聚会中与女青年任某相识，两人一见钟情，很快确立了恋爱关系。2000 年 3 月，双方举行了婚礼，以夫妻名义共同生活，但一直未补办结婚登记手续。婚后景某患了肝病，均由任某扶养、照顾。2002 年 1 月，景某外出办事，感到身体不适，去医院检查系肝癌晚期，十几天后即死亡。料理完丧事后，景某的父母通知任某，要她立即收拾东西离开景某家。任某说，她是景某的妻子，有权继承景某的遗产，否则不回娘家。景某的父母认为，景某和任某未办理结婚登记手续，不属于合法夫妻，因而，任某无继承权。双方争执不下，最后起诉到法院。法院应如何处理本案？

按照最高人民法院《关于适用〈中华人民共和国婚姻法〉若干问题的解释（一）》第 5 条第 2 项的规定，1994 年 2 月 1 日民政部《婚姻登记管理条例》公布实施以后，男女双方符合结婚实质要件的，人民法院应当告知其在案件受理前补办结婚登记；未补办结婚登记的，按解除同居关系处理。本案的关键在于认定景某和任某的关系是否符合结婚的实质要件。如果符合结婚的实质要件，并补办结婚登记手续的，应认定为夫妻关系。根据《婚姻法》第 24 条规定，夫妻有相互继承遗产的权利。任某就有继承丈夫景某继承的权利。如果认定为非法同居关系，则夫妻关系不成立，也就没有继承权。本案中，景某和任某在 2000 年没有办理结婚登记，亦未补办结婚登记手续，其行为属于非法同居。

最高人民法院《关于适用〈中华人民共和国婚姻法〉若干问题的解释（一）》第6条规定，未按婚姻法第8条规定办理结婚登记而以夫妻名义共同生活的男女，一方死亡，另一方以配偶身份主张享有继承权的，按照本解释第5条的原则处理。由于景某和任某系非法同居关系，所以任某不具有配偶身份，因而不能以配偶身份参与对景某遗产的继承，所以任某主张继承权不能得到法律支持。但根据《继承法》第14条规定："对继承人以外的依靠被继承人扶养的缺乏劳动能力又没有生活来源的人，或者继承人以外的对被继承人扶养较多的人，可以分给他们适当的遗产。"因景某得肝病后，一直是由任某给予生活上的照料，所以从公平原则出发，任某可以分得适当的遗产。

任某可依法律规定与景某的父母进行协商，解决财产分割问题，或由居委会、亲朋好友等参与调解，也可诉请法院解决。

15 妻子有权分割丈夫婚后继承的财产吗？

谢某与赵某（女）同在一个饭店里工作。2001年3月当双方准备结婚时，谢某父母在车祸中丧生，留下了8万元的存款。谢某还有一个弟弟，分割遗产时确定遗产每人各4万元。8万元遗产中4万元在2001元6月前已拿到手，谢某与弟弟各得2万元。但另外4万元因存款未到期，不能实际取得。2001年8月谢某与赵某举行了简单婚礼。2001年12月谢某将4万元取出，并给了弟弟2万元。婚后谢某责任心极差，且大男子气极重，常因一句话或一件小事就大打出手，并且在外有多次外遇。2002 年谢某在外公然与一位女性同居，赵某对谢某深感绝望。2002 年 6 月双方协议离婚。双方对解除婚姻关系及家庭财产归属没有争议，但是对谢某婚后继承的 2 万元存款的归属存在分歧。妻子认为是婚后所得财产，应视为夫妻共同财产，由双方平等分割；而丈夫则认为是自己婚前个人财产，妻子无权分割。

根据《婚姻法》第 17 条规定，一般情况下，夫妻在婚姻关系存续期间所得的财产归夫妻共同所有。第 17 条规定“所得财产”是指：工资、奖金；生产、经营的收益；知识产权的收益；继承或赠与所得的财产及其他应当归共同所有的财产。婚姻存续期间，无论继承人、受赠人是一方或夫妻双方，其继承或受赠所得财产均属夫妻共同财产。但《婚姻法》第 18 条规定，在遗嘱或赠与合同中指明归一方的财产，属于该继承人或受赠人个人所有。上述规定说明夫妻离婚时只能对共同财产予以分割，对婚前个人财产不能作为夫妻共同财产进行分割。根据《继承法》第 2 条的规定，继承人取得遗产的权利应从被继承人死亡或宣告死亡时开始，分割遗产的时间不能作为继承开始的时间。

本案 2000 年 3 月谢某父母死亡时，继承就已开始，但因有 4 万元是定期存款，暂时不能取出。因此，继承权利取得与财产的实际取得时间不同步。根据《婚姻法》、《民法》、《继承法》的规定，这笔遗产取得的时间是在婚姻关系成立前，根据所有权取得的原理，2 万元属谢某婚前个人财产，赵某无权分割。如果谢某自愿给赵某一定的遗产，属赠与，是法律允许的。谢某系离婚的过错方，如果赵某有充分的证据证实的话，可以向男方提出离婚损害赔偿。如果协商不成，可以找有

关部门调解或通过法院处理。

16 口头约定具有法律效力吗？

小良是一家广告公司的经理，妻子患病去世后，经人介绍认识了某单位会计小绵。小良认为小绵虽不漂亮，但很温柔，所以很是满意。小绵认为小良事业有成，也很中意。为赢得女方的爱，小良在几次约会中，都提出将自己两套住房中的一套过户在小绵名下，小绵表示接受。小绵由此更感到小良对自己的爱意。经过半年多的了解，小良与小绵结婚。结婚最初双方感情不错，但小绵见小良根本无意将口头约定的住房过户到自己的名下，感觉小良与自己结婚的行为带有欺骗性，谈不上真正的感情。小绵索性将自己的不满告诉小良。而小良则认为小绵结婚动机不纯，与自己结婚的目的不是感情而是房子。双方因为婚前的口头约定裂痕越来越大。那么口头约定是否具有法律效力呢？

本案中双方的口头约定不具有法律效力。

《婚姻法》第 19 条规定：“夫妻可以约定婚姻关系存续期间所得的财产以及婚前财产归各自所有、共同所有或部分各自所有、部分共同所有。约定应当采用书面形式。没有约定或约定不明确的，适用本法第十七条、第十八条的规定。夫妻对婚姻关系存续期间的财产以及婚前财产的约定，对双方具有约束力。”这一法律规定说明，夫妻对财产的约定应采取书面约定，口头约定应双方均认可，如果一方否认，另一方又没有特别可靠证据证明时，口头约定则不能认定。根据《婚姻法》的规定，约定财产制与法定财产制两者可同时适用，但约定财产制的效力高于法定财产制。即有约定的从约定，没有约定或约定不明确或约定无效的从法定。夫妻对婚姻关系存续期间财产及婚前财产的约定，对双方都有约束力。

本案当事人之间口头约定之所以不受法律保护，主要是因男方对口头约定采取了否认的态度。

小良与小绵可就此问题进行进一步沟通，避免因此使夫妻感情完全破裂。双方应互谅互让，力争调解解决此问题。如果双方因此导致离婚，可以经亲朋、单位调解，直至向法院起诉。

17 父母有抚养成年子女的义务吗？

小建与妻子小丛感情破裂，经法院判决离婚。6 岁的女儿随母亲抚养。小建每月给付女儿抚养费 60 元。2001 年，19 岁的女儿考上了一所大学。欣喜之余，母女俩开始为学费发愁。女儿要求父亲承担大学里的费用，但遭到拒绝。父亲认为自己已下岗，生活困难，而且按法律规定，自己的抚养责任已履行完毕。

《婚姻法》第 21 条规定："父母对子女有抚养教育的义务……父母不履行抚养义务时，未成年的或不能独立生活的子女，有要求父母付给抚养费的权利。"最高人民法院《关于适用〈中华人民共和国婚姻法〉若干问题的解释（一）》第 20 条规定："《婚姻法》第二十一条规定的'不能独立生活的子女'，是指尚在校接受高中及其以下学历教育，或者丧失或未完全丧失劳动能力等非因主观原因而无法维持正常生活的成年子女。"上述规定说明，父母对未成年的或不能独立生活的子女仍有抚养、教育的义务，直到子女能独立生活为止。即使父母离婚，这种义务也是不可免除的。

本案小建对女儿不再具有法定的抚养义务。但另一方面也应看到女儿虽已成年，但没有工作，经济上没有独立，仅靠自己难以维持最基本的生活。在此情况下，父亲如果条件允许也可以继续为女儿提供一些帮助，也是一种亲情的体现。

18 谁对未成年人所生育的子女承担抚养义务？

美美在上高中二年级时与社会上的一名男青年小生谈起了恋爱，一时冲动有了越轨行为。后来，美美怀孕了，强烈的妊娠反应使美美不得不中止了学业，然而粗心的父母并未意识到女儿体内的变化。9 个月后，美美生了一个漂亮的儿子小亮，19 岁的美美过早被迫地承担起母亲的职责。由于美美没有工作，抚养孩子更是难上加难。美美的父母认为小生既然是孩子的父亲就理应承担起抚养孩子的责任。但小生认为当初自己坚决反对要这个孩子，美美未经自己同意便生下这个孩子，因此拒绝承担父亲的责任。

《婚姻法》第 25 条第 2 款规定，非婚生子女的生父或生母，都应负担子女的生活费和教育费，直至子女能独立生活为止。

在我国非婚生子女享有与婚生子女同等的权利，任何人不得加以危害和歧视。非婚生子女与婚生子女一样都是社会成员，其法律地位与婚生子女完全平等。

本案美美在未成年时生小亮，当时年龄已超过 18 岁，但因没有工作，独立抚养儿子确实存在很多实际困难。根据《婚姻法》的规定，父母对子女有抚养教育的权利和义务。小亮的生父尽管当时不同意美美生育孩子，但这不能成为其拒绝承担对儿子抚养义务的理由。按照法律规定，小生必须承担小亮生活费和教育费的相应份额，直至小亮能独立生活为止。

19 断绝父母子女关系的声明具有法律效力吗？

小双20岁那年，父亲患病去世，许多人为小双的母亲苏某介绍对象。苏某经人介绍与一位银行职员刘某建立了恋爱关系。小双对这种情形感到无法接受，并多次告诉母亲，如母亲再婚，将与母亲断绝关系。苏某不顾女儿的反对与刘某领取了结婚证书。小双很伤心，在亲朋好友中多次公开声明与母亲断绝关系。苏某与刘某多次看望小双，想重归于好，但被小双拒绝。小双后来在恋爱问题上受挫，服毒自杀，留下3万元遗产。小双所在单位以小双与苏某已断绝关系为由，将遗产作为无主财产进行了处理。

断绝父母子女关系的声明具有法律效力吗？

《婚姻法》第24条规定："父母和子女有相互继承遗产的权利。"小双自行声明脱离母女关系的作法，无法得到法律认可。小双干涉母亲再婚的行为本身即违背了我国法律规定。小双与其母亲之间的权利义务关系仍然存在，即母亲对其遗产仍有继承权。在我国，断绝父母子女关系的声明不具有法律效力。自然血亲是基于自然的血缘关系即人的出生而形成的亲属关系，通常只能因一方死亡而终止，不能人为予以解除。单位将小双的遗产作为无主财产进行处理，侵犯了苏某合法的财产权益。本案刘某未与小双形成抚养关系，所以没有继承小双遗产的权利。

20 出嫁并放弃遗产的女儿有赡养父母的义务吗?

李某夫妻婚后育有两子一女。李某夫妻重男轻女的思想较严重。李某的两个儿子结婚后，每月按李某的要求向父母支付生活费用各 100 元。2001 年 3 月女儿小芹结婚，依当地习惯，父母未收女儿赡养费。但父母告诉女儿，以后家里的房子是两个哥哥的，家里的财产也没小芹的份儿。然而自 2001 年 10 月，大哥外出打工，收入很低。二哥得了重病，生活极困难。李某夫妻找到女儿要赡养费，女儿小芹认为自己已出嫁，将来不要父母的财产，所以不答应给父母赡养费。

《婚姻法》第 21 条规定：“……子女对父母有赡养扶助的义务。子女不履行赡养义务时，无劳动能力的或生活困难的父母，有要求子女付给赡养费的权利。”

上述规定表明，子女对父母的赡养扶助不仅是道德上的要求，更是法律上的义务。父母与子女间的权利义务关系，不因女儿出嫁而消除。子女承担法定义务，没有男女之别。

本案小芹有赡养父母的法定义务。小芹不能以自己不要父母的财产为借口拒绝承担赡养义务。至于习惯上儿子赡养父母，将来由儿子继承父母财产，而女儿不用赡养父母亦不能继承财产完全是一种习俗。这种习俗，是男女不平等观念的反映。本案说明改变重男轻女的观念，倡导男女平等的观念仍是一个十分艰巨的过程。因此承担赡养父母的义务男女平等，继承父母的财产，男女的权利也是完全平等的。

21 法律允许父债子还的做法吗?

黄某有一子黄小。因父子关系长期极为紧张，在黄某退休后，儿子拒绝承担赡养老人的责任。黄某重病在身，只好借钱为生。黄某的一位朋友李某在经济上经常帮助黄某。黄小当时就称谁借钱，谁负责，本人不承担归还责任。后黄某病逝，黄某的后事由李某一手料理，先后花去3千元。黄某去世后，李某要求黄某的儿子黄小还款3千元。

《继承法》第33条规定，继承遗产应当清偿被继承人依法应当缴纳的税款和债务。缴纳税款和清偿债务以遗产实际价值为限，超过遗产实际价值部分，继承人自愿偿还的不受限制。继承人继承了被继承人的财产权利，同时亦应承担被继承人应负的义务。但继承人承担义务的，只以其所继承的遗产实际价值为限。当然如果继承人主动承担其他债务的，不受法律规定限制。但如果被继承人死前所负债务是因继承人能履行扶养责任而拒绝履行，被继承人为维持基本生活欠债，无论继承人是否继承遗产，均要负责偿还债务。因此，黄小无论是否继承遗产，均应对黄某生前所欠债务负清偿责任。

22 农村承包经营户的债务应如何承担？

项某有赌博的恶习，家人多次规劝无效。后项某要承包果园，遭到家人反对。但项某决心已定，项某与家里订立协议，无论日后收益如何均与家人无关。随后，项某与村里订立了承包合同，承包果园。但因项某疏于管理，导致果园负债3万多元。项某想用家庭财产清偿债务，招致全家反对。

农村集体经济组织的成员，可与集体组织签订承包合同，取得集体或国家所有的土地、山林、果园等承包经营权，从事商品经济。

经营方式可以是个人亦可以是家庭。《民法通则》第29

条明确规定："个体工商户、农村承包经营户的债务，个人经营的，以个人财产承担；家庭经营的，以家庭财产承担。"因此农村承包经营户对外承担债务的基本原则就是谁经营，谁承担债务。本案项某个人承包经营果园，且与家人有合法约定，因此项某只能以个人财产清偿债务，不能以家人财产清偿债务。

23 共有人可以不经其他共有人同意处理共有财产吗？

大志的父母去世后，大志与其妹小英共同继承了父母的一处房屋。后大志与其妹共同与刘某夫妻订立了该处房屋的租赁合同，租期为10年。当时大志与妹妹商量，该房由兄妹俩人共同继承，等租赁期满后，双方再商量如何分割的问题。1999年当租赁期快到时，刘某夫妻找到大志，协议买卖房屋一事。大志未与妹妹协议，便以18万元的价格将本属其兄妹共有的房屋卖给了刘某夫妻，并且办理了房屋买卖的手续。小英知道此事后，表示不满，并与哥哥协商相关问题。但因未达成协议，最终小英向法院起诉，要求法院认定这一房屋买卖关系无效。

本案涉及到对共有财产享有的权利和应履行的义务。本案大志与小英共同继承了父母的遗产——房屋，由于继承份额没有明确，因此二人对房屋的共有应是共同共有。

所谓共同共有，是指两个或两个以上的人对全部共有财产不分份额的享有平等的所有权。共同共有的法律特征如下：

（1）在共同共有中，各共有人平等地享受权利、承担义务即共同共有人对共有财产的全部享有权利、承担义务。较之按份共有，共同共有人之间的利害关系更加明显。我国《民法通则》第 78 条第 2 款规定："共同共有人对共有财产享有权利，承担义务。"

（2）在共同共有关系中，共有财产不分份额

只要共同共有关系存在，共有人对共有财产就不能划分各自的份额。只有当共同共有关系终止，才能确定各共有人应有的份额，以便分割共同财产。

本案大志与妹妹小英共同继承了父母的遗产房屋，因房屋租赁期限未到，未对房屋产权进行划分，因此大志与妹妹对房屋享有平等的权利和义务。根据《物权法》第 99 条规定："共有人约定不得分割共有的不动产或者动产，以维持共有关系的，应当按照约定，但共有人有重大理由需要分割的，可以请求分割；没有约定或者约定不明确的，按份共有人可以随时请求分割，共同共有人在共有的基础丧失或者有重大理由需要分割时可以请求分割。因分割对其他共有人造成损害的，应当给予赔偿。"本案中大志未经共同共有人小英同意，擅自将共有财产——房屋出卖，此分割行为对小英造成损害，应当给予赔偿。

24 被宣告死亡后所立遗嘱具有法律效力吗？

大宝的父母在其童年时先后病逝，大宝是由大姐抚养成人。成年后大宝经人介绍与小珍结婚并生有一女。

5 年前大宝外出打工，第 2 年大宝寄回家 5 千元，但之后再也没有了大宝的消息。由于始终没有丈夫的消息，在大宝失去消息的 4 年后，大宝的妻子向法院申请宣告大宝死亡。法院

经过公告仍没有大宝的任何消息，所以法院判决宣告大宝死亡。大宝死亡后，家庭财产由妻子与女儿继承。后小珍带着女儿再婚。半年后，与大宝同在外地打工的一位朋友专程来到大宝的姐姐家，说大宝在回家的路上出车祸不幸死亡，并带来了大宝临终前写的遗嘱。大宝的遗嘱中特别强调将其遗产的一部分给大姐，感谢大姐的养育之恩。

大宝的姐姐带着遗嘱找到小珍，提出继承弟弟的遗产。小珍则认为，大宝写这份遗嘱时，已被法院宣告死亡，这种遗嘱不具有法律效力。失踪人在被宣告死亡之后所立遗嘱具有法律效力吗？

宣告死亡是指被宣告死亡的公民下落不明的事实状态已满法定期间，经与有利害关系人向法院申请，法院根据法定程序，以判决的形式宣告其死亡的一项法律制度。宣告死亡会直接导致法律后果的产生，即婚姻关系解除及继承开始。根据《民法通则》第 25 条规定，死亡宣告被撤销后，被撤销死亡宣告的人有权请求返还财产。根据最高人民法院的司法解释，原物被第三人合法有偿取得的，第三人可不予返还。配偶尚未再婚的，夫妻关系自撤销死亡宣告之日起自行恢复，如其配偶再婚以及再婚后离婚或再婚后配偶又死亡的，不得认定夫妻关系自行恢复；依继承法取得原物的公民或者组织，应返还原物或给予适当补偿。

我国《民法通则》第 24 条规定，有民事行为能力人在被宣告死亡期间实施的民事法律行为有效。本案中大宝在生前所立遗嘱与他被宣告死亡引起的法律后果相冲突，所以应以其所立遗嘱为准。因此大宝被宣告死亡期间所立遗嘱具有法律效力，大宝姐姐主张自己的继承权具有法律依据。

25 什么是财产共有？

所谓财产共有是指两个或两个以上的权利主体对某项财产共同享有所有权，如兄弟三个共同拥有一间房屋。《民法通则》第78条第1款规定："财产可以由两个以上的公民、法人共有。"财产共有关系的法律特征如下：

（1）共有的主体是两个或两个以上的公民或法人。

共有关系中，共有财产只有一个所有权，该所有权是由多人共享。

（2）共有关系的客体通常为同一项财产，在共有关系存在期间不可分割，即共有不能分别所有。

（3）在共有的内容方面，共有人对共有物按各自的份额或平等地享受权利或承担义务。此外，各共有人对共同债务负连带责任。

共有不是一种独立的所有权类型。财产共有关系主要是基于合同行为、婚姻关系、共有劳动、共有接受赠与或共有接受遗赠等形成。共有又可以分有按份共有与共同共有。

26 什么是按份共有？什么是共同共有？

（1）按份共有

按份共有也叫作为分别共有，是指数人按各自的份额分别对共有财产享有权利和义务的一种共有关系。《民法通则》第78条规定："按份共有人按照各自的份额，对共有财产分享权利，分担义务。"

按份共有的产生主要是基于当事人的意思表示或法律的规定。按份共有的法律特征如下：

第一，按共有人确定的份额享有权利、承担义务。

各共有人的财产份额一般取决于各共有人的意思表示。如果各共有人的份额不明晰，应推定为份额均等。共有人的份额决定了共有人权利与义务的范围。

第二，按份共有的所有权为一个。按份共有是共有权被确定为份额的共有。

第三，按份共有人的权利及义务涉及共有财产的全部。

《民法通则》第 78 条第 3 款规定："按份共有财产的每个共有人有权要求将自己的份额分出或转让。"共有人转让其份额，不得损害其他共有人的利益。共同财产属全体成员所有，因而对共有财产处分时，应取得全体共有人的同意。按份共有人在出售自己的份额时，应将出售的价格告诉其他共有人，在同等条件下，其他共有人有优先购买权。但应注意，行使优先购买权的共有人不得损害出售自己份额的共有人的利益。

（2）共同共有

共同共有是指两个以上的公民或法人，根据某种共同关系而对某项财产未分份额地共同享受权利、共同承担义务。共同共有也叫作不确定份额的共有。

共同共有是根据共同关系产生的，主要是因共同生活、共同经营、共同生活而产生的。该共有关系主要存在于家庭成员之间或夫妻之间。共同共有财产包括家庭成员共同收入的积累和共同购置的财产，同时也包括受赠财产、接受继承的财产、奖金、股息等。对共有财产，有的共有人主张按份共有，有的共有人主张共同共有，如无证据证实是按份共有的，根据最高人民法院的司法解释，应认定为共同共有。

共同共有具有下列法律特征：

第一，共有人对共有财产不分份额地享受权利、承担义务。即各共有人对整个共有财产享有平等的权利、承担平等的义务。

第二，共同共有根据共同关系产生。共有关系一般发生在互有特殊身份的当事人之间，如因夫妻关系、父母子女关系、兄弟姐妹关系及祖孙之间的关系而形成的家庭财产共有关系与夫妻财产共有关系。缺乏这一前提，共同共有关系无从谈起。

对共同共有财产的分割，可以采取平等协商的精神。《物权法》第100条规定："共有人可以协商确定分割方式。达不成协议，共有的不动产或者动产可以分割并且不会因分割减损价值的，应当对实物予以分割；难以分割或者因分割会减损价值的，应当对折价或者拍卖、变卖取得的价款予以分割。共有人分割所得的不动产或者动产有瑕疵的，其他共有人应当分担损失。"分割应注意不得损害国家、集体和他人的利益。对隐匿的赃款、赃物等非法所得，不得作为夫妻共同财产分割，应依法追缴。

对于共有财产的分割一般采取以下方法：

第一，实物分割。对可分共有物，在不影响其使用价值与特定物用途的前提下采用。这是最常见的分割方式。

第二，折价分割。共有物不能分割或分割后有损其价值的，或各共有人都不愿意取得共有物的，将其变卖，所得价金进行分割。

第三，作价分割。对不可分割的共有物或不宜分割的共有物，共有人的一个或数人取得共有物，可对其他共有人作价补偿。

第四，拍卖、变卖、分割。

27 可以拒绝抚养未成年时所生育的非婚生子吗？

雷燕在 17 岁那年，经人介绍认识了 27 岁的男青年杨明。尽管杨明年龄大了点，但很会来事。雷燕与杨明的关系相处不错，并有了越轨行为。后雷燕怀孕，想与杨明结婚，遭到了雷燕全家的反对。当时杨明带雷燕到医院做人工流产，医生认为雷燕目前的体质不可以做，否则母子俩人都有生命危险。雷燕生下一个儿子名叫小岩。此后，雷燕与杨明并未完全中断往来。杨明认为小岩是一个男孩，所以就答应雷燕将小岩放在奶奶处。之后双方的往来越来越少。2001 年 12 月雷燕找对象结了婚，之后便不再看望小岩。后杨明找到雷燕，让她承担小岩部分抚养费，但遭到拒绝。雷燕认为自己当时还未成年，很无知，主要过错在杨明，杨明应承担孩子全部的抚养费。雷燕是否可以拒绝承担未成年时生育的非婚生子抚养费？

《婚姻法》第 25 条规定：“非婚生子女享有与婚生子女同等的权利，任何人不得加以危害和歧视。不直接抚养非婚生子女的生父或生母，应当负担子女的生活费和教育费，直至子女独立生活为止。”《婚姻法》第 21 条规定：“父母不履行抚养义务时，未成年的或不能独立生活的子女，有要求父母付给抚养费的权利。”

本案雷燕拒绝承担未成年时生育的非婚生子抚养费的行为是错误的。雷燕应承担孩子的生活费，主要是基于雷燕与小岩之间存在着天然的血缘关系。而这种关系是不能自行中止的。

本案可以通过以下方式处理：

第一，杨明可以与雷燕协商解决，也可以通过亲属或朋友，共同协商解决这一问题；

第二，杨明可向雷燕所在单位请求，请他们提出一个解决方案；

第三，杨明婚后，其妻愿意承担孩子抚育费的，可以酌情减少雷燕的抚养费；

第四，如果杨明的妻子并不愿承担这一抚养责任，雷燕仍应继续承担的小岩抚育费。

28 生父死亡，继母是否有继续承担抚养继子的责任？

小吉3岁那年，母亲得病突然去世。小吉的父亲郝某照顾小吉有一定困难。在朋友的介绍下，郝某认识了一家公司的丧偶但无子女的任某，两人相恋一年后结婚。一家人在一起生活了9年，期间小吉得到了继母精心的照顾与关心，并与继母建立了深厚的感情。然而2000年春节，小吉的的父亲在工作中突发脑溢血死亡。任某带着孩子艰难度日。2002年有人给任某介绍了一位企业干部，双方都感觉很满意，任某决定再婚，并决定将小吉送回奶奶家。但小吉不愿意离开继母。任某有继续抚养继子小吉的责任吗？

《婚姻法》第27条第2款规定："继父或继母和受其抚养教育的继子女间的权利和义务，适用本法对父母子女关系的有关规定。"

本案中的小吉与继母共同生活了9年，期间受到了继母的抚养与教育，双方形成了法律意义上的父母子女关系。所以继母对小吉仍然有抚养与教育的义务，继母想把抚养、教育小吉的责任推给他人是法律所不允许的。

29 继子在什么情况下对继父有赡养义务？

1970 年蒋某的父亲病逝，当时蒋某年仅 1 岁。悲伤之际，蒋某的母亲朱某一场大病，生活陷入困境中。1971 年经人介绍，朱某与齐某结婚。齐某家境贫寒，但为人厚道、善良。与朱某结婚后，齐某视蒋某如已出，艰难的日子里，齐某甚至靠要饭养活继子。蒋某长大成人的过程中，一直与继父的关系十分融洽。2001 年蒋某的母亲病逝，蒋某认为按农村的风俗，应将母亲与生父合葬。但这一想法遭到继父的反对。蒋某认为继父太无视自己的感情，因而双方开始有了矛盾。蒋某进而拒绝承担对继父的赡养责任。

《婚姻法》第 27 条规定："继父或继母和受其抚养教育的继子女间的权利和义务，适用本法对父母子女关系的有关规定。"《婚姻法》第 21 条规定："父母对子女有抚养教育的义务；子女对父母有赡养扶助的义务。子女不履行赡养义务时，无劳动能力的或生活困难的父母，有要求子女付给赡养费的权利。"

本案齐某对蒋某尽了抚养教育的义务，形成了法律意义上的权利与义务关系，即等同于父母子女关系。因蒋某是由其生母与继父齐某共同抚养长大的，蒋某与继父齐某间形成了具有抚养教育关系的继父与继子女间的关系，即他们之间产生了法律间的权利与义务关系。根据法律规定，受生母与继父抚养长大的蒋某在生母去世后仍有赡养继父的义务。

蒋某以继父不尊重当地习俗和自己的感情，拒绝承担赡养继父的做法不仅违背了《婚姻法》的规定，也有悖于社会主义道德风尚。有关部门应对蒋某的做法进行批评、教育，并促使其改正错误。蒋某可与继父直接协商赡养问题，亦可以村委会解决这一问题，也可以诉至法院解决。

30 什么情况下孙子赡养祖母是法定义务？

郭某与妻子有一个儿子郭林。在一次海难中，郭某与妻子丧生。当时有家庭存款4万元，同时单位发给抚恤金2万元。郭某有一个62岁的退休母亲邢某，而郭某的妻子是一个孤儿，没有任何亲属。面对只有9岁的孙子郭林，邢某承担起抚养孙子的义务。邢某强忍着眼泪对孙子说："你爸你妈的遗产全都归你，我一分也不要。"邢某将自己应得的钱也以孙子的名义存入银行。此后邢某省吃俭用，将孙子带大成人，并帮助孙子成家立业。后邢某的身体越来越弱，为了不影响孙子的幸福，在条件许可的情况下，邢某多次偷偷上街捡废品卖钱作医疗费。无奈之余，邢某向孙子提出，将存在郭林名下的3万元作为自己的生活费。郭林则认为，从法律上只有赡养父母的义务，而没有赡养祖辈的责任。面对无情无义的孙子，邢某应怎么办呢？

《婚姻法》第28条规定："有负担能力的祖父母、外祖父母，对于父母已经死亡或父母无力抚养的未成年的孙子女、外孙子女，有抚养的义务。有负担能力的孙子女、外孙子女，对于子女已经死亡或子女无力赡养的祖父母、外祖父母，有赡养的义务。"这一规定说明在我国法律上抚养与赡养是双向的，充分体现了权利与义务相一致的原则。

本案中邢某对自己的孙子郭林履行了抚养义务，当邢某丧失劳动能力，生活困难时，作为孙子郭林理当承担起对赡养老人的义务。当然《婚姻法》的这一规定说明祖孙之间承担法定的抚养与赡养义务不是绝对的，而是有条件的：一是被抚养人的父母或被赡养人的子女已经死亡或无力抚养或赡养；二是被抚养人或被赡养人须是未成年人或是需要赡养的老年人；三是抚养人或赡养人须有负担能力。

从本案来看，郭林在失去双亲时尚未成年，祖母有一定的能力，抚养孙子也是其应尽的法定义务。现在郭林长大成人，生活条件好转，而祖母体弱多病，郭林当然应履行赡养祖母的义务。邢某将孙子郭林养育成人，自己现在又无劳动能力，且身体多病、生活困难，向郭林提出索要赡养费的请求合法合理合情。但邢某已放弃继承，这是具有法律效力的行为，据此，邢某无权再索回已放弃的遗产。

31 已被收养的子女可否继承生父母的遗产？

小洪 5 岁时，因父母当时经济能力有限，且父母的身体不好，所以由父母送养他人。送养之后，小洪的父母仍很牵念儿子，并尽自己所能关心小洪。在养父去世后，养母自己带着小洪生活十分艰难。此时小洪的生父母经济上有了好转，从物质上开始为小洪提供帮助。小洪大专毕业后在一家企业做会计工作。小洪的养母因身体多病不能工作，小洪的经济负担极重。此时小洪的唯一的哥哥小飞因患白血病死亡。在此情况下，小洪一方面要照顾多病的养母，同时还经常要照顾生父母。小洪的生父母多次提出要与小洪恢复父母子女关系，便于小洪以后继承遗产。但小洪认为养父母对自己恩重如山，解除收养关系于情于法都不可以。小洪认为不解除收养关系，一样可以继承生父母的遗产。小洪的想法是否正确？

《收养法》第 23 条规定“自收养关系成立之日起，养父母与养子女间的权利义务关系，适用法律关于父母子女关系的规定；养子女与养父母的近亲属间的权利义务关系，适用法律关于子女与父母的近亲属关系的规定。养子女与生父母及其他近亲属间的权利义务关系，因收养关系的成立而消除。”

收养关系的建立意味着养子女与养父母间已建立起等同于生父母子女间的权利义务关系。养子女与生父母之间不再有法律上的关系。但养子女与生父母及其他近亲属之间仍要受到《婚姻法》关于近亲结婚条款的约束。

根据《收养法》第 29 条的规定，收养关系解除后，养子女与生父母及其他近亲属关系可否恢复，可以协商确定。本案小洪如果与养母解除收养关系，恢复与生父母之间的关系，可以获得法定继承权。因为小洪在被他人合法收养后，与生父母之间的法律关系则已经终止。在收养关系有效期间，小洪可以不承担对生父母的赡养义务，当然亦没有继承其生父母遗产的权利。

要妥善解决这一问题，小洪可以选择下列几个途径：其一，生父母可通过立遗嘱的方式将财产赠与小洪；其二，在不解除收养关系的情况下，小洪可分得生父母的适当遗产。根据《继承法》第 14 条的规定，对被继承人扶养较多的人，可以获得适当遗产。小洪对生父母尽一定的扶助义务，当然可以分得生父母的适当遗产。其三，小洪可根据《继承法》第 31 条的规定，与被扶养人（生父母）签订遗赠扶养协议。按此协议，扶养人承担该公民生养死葬的义务，同时享受遗赠的权利。通过订立遗赠扶养协议，小洪在履行赡养、扶助生父母的义务后，同样亦可获得生父母的遗产；小洪亦可以选择与养母协议解除收养的方式，与生父母恢复父母子女关系。但是如果收养关系解除后，养母缺乏劳动能力或缺乏生活来源，小洪仍应对养母履行赡养责任。

32 不在养父母身边的养子女还有继承权吗？

白某夫妇结婚8年，因女方有病一直未生育。经商定白某夫妻领养了老乡苏某的5岁的儿子取名叫白明。小家庭很和睦。在白明13岁那年，养母患病去世。养父白某一年后，与本单位的一位大龄女性王某结为夫妻。由于白明个性较强，不愿叫王某“妈妈”，王某经常寻找各种借口训白明，甚至动手打了白明好几次。无奈白某将白明的生父母邀至家中，共商解决办法。最终决定白明的生父母暂时将白明带回，等做好王某的工作，再将白明接回家。白明最初坚决不同意这样做，想到白某的难处，最终还是同意了。回到生父母家中，白明十分想念养父，多次要求尽快接自己回家。养子走后，白某亦陷入深深的思念中。白某经常给白明去信、打电话，信上及电话中，仍以父子相称。由于白某与白明的关系十分融洽，王某感到十分恼怒，所以与丈夫的关系越来越紧张。白某后得病，医院诊断系肝癌晚期。住院期间，白某一再请求养子回来。由于白明学习很紧，放假时，白明赶到养父身边，但是此时养父已病故。白某想以儿子的身份参加养父的葬礼，但王某以白明已回到生父家，且已解除父子关系为由拒绝。当白明提出主张继承养父白某遗产时，也遭到拒绝。白某有主张继承其养父遗产的权利吗？

《婚姻法》第26条规定：“国家保护合法的收养关系。养父母和养子女间的权利和义务，适用本法对父母子女关系的有关规定。”这意味着收养关系成立后，养父母和养子女间的关系等同于父母子女关系。在双方未解除收养关系的情况下，一方死亡，另一方有权继承遗产。

要正确处理本案，就要分析本案收养关系是否解除。

本案白明并未解除与白某夫妻的收养关系。因此白明有权继承其遗产。理由如下：白明在特殊的情况下，为了稳定养父与继母的夫妻关系，只好暂回生父母身边，但这并不能意味白明与养父关系恶化，更不证明收养关系的解除。这实际上是白明当时为缓解家庭矛盾而采取的临时方法。白某与白明都没有解除收养的意思表示。养父与白明生父母间的协议，是一个暂住协议。白明在回到生父母身边后，与养父仍有电话及书信来往，并以父子相称。因此，双方的收养关系并未解除，白明有权继承其养父的遗产。

33 离婚时一方生活困难，另一方应给予经济帮助吗？

顾某（男）和任某经别人介绍相识，两人关系较好。任某家嫌顾某家子女多、经济条件差，不同意他们结婚。但任某认为顾某心地善良，有事业心。在任某的坚持下，顾某与任某结婚。婚后顾某与任某共同经营一个饭店，生意兴隆，生活上亦有了较大改善。但由于每天工作节奏过快，任某病倒，并住进医院治疗。顾某因忙于生意，极少到医院看望妻子，任某感到极不满意。顾某认为妻子无法理解自己，双方感情越来越冷淡，最终任某提出离婚。此时，由于住院治疗花钱较多，任某要求顾某在给予经济帮助，但被顾某拒绝。

《婚姻法》第 42 条规定：“离婚时，如一方生活困难，另一方应从其住房等个人财产中给予适当帮助。具体办法由双方协议；协议不成时，由人民法院判决。”最高人民法院《关于适用〈中华人民共和国婚姻法〉若干问题的解释（一）》第27条第1款规定：“婚姻法第四十二条所称‘一方生活困难’，是指依靠个人财产和离婚时分得的财产无法维持当地基本生活水平。”

本案中，任某如果符合上述法律有关规定，顾某就应当给予帮助，帮助的具体内容、方式可双方协商，也可找双方所在单位或居民委员会进行调解。如果协议不成，可向法院提起诉讼。但是这种帮助不是夫妻扶养义务的延伸，而是体现了我国法律的人文关怀的精神。

34 离婚时一方转移共同财产，另一方可要求法院重新分割吗？

常某（男）与付某自由恋爱结婚，婚后感情较好。常某在一家公司工作，效益较好。而付某的单位效益不太好。双方经常因为经济的问题发生矛盾。付某认为维持这种婚姻已无意义，所以提出离婚，并要求分割夫妻共同财产。在离婚诉讼中，付某提出常某已将家庭部分财产转移，但又没有相关证据证予以证明。2002年1月法院最终解除了付某与丈夫的婚姻关系，但对常某转移财产一事未予认定。离婚后，付某对前夫跟踪调查，发现前夫还有三室一厅住宅及一部汽车等财产，并提供了相关证据。2002年7月付某向法院起诉，要求重新分割财产。

《婚姻法》第47条规定：“离婚时，一方隐藏、转移、变卖、毁损夫妻共同财产，或伪造债务企图侵占另一方财产的，分割夫妻共同财产时，对隐藏、转移、变卖、毁损夫妻共同财产或伪造债务的一方，可以少分或不分。离婚后，另一方发现有上述行为的，可以向人民法院提起诉讼，请求再次分割夫妻共同财产。”

本案中常某与任某的财产无特别约定，所以除个人财产外，在其婚姻关系存续期间的合法财产应为夫妻共同财产，但本案中常某隐藏、转移了夫妻共同财产，是违法的。但任某又提供不出相关证据，所以法院在审理离婚案件时，只能依据已有证据来分割夫妻共同财产。

任某要求法院重新分割夫妻共同财产，是符合我国法律规定的。本案审理时法院应注意保护妇女方的合法权益。并注意对妨碍诉讼的过错方提出批评，在分割财产时可以体现出对无过错方的照顾。此外，最高人民法院《关于适用〈中华人民共和国婚姻法〉若干问题的解释（一）》第31条规定：“当事人依据婚姻法第四十七条的规定向人民法院提起诉讼，请求再次分割夫妻共同财产的诉讼时效为两年，从当事人发现之次日计算。”

35 抚养费可以变更吗？

陈某（男）与高某于1997年离婚，当时双方协议孩子随其母高某生活，陈某每月给付抚育费160元。2001年5月孩子患病，经常住院，高某个人收入已难以承受孩子的高额医药费。高某为避免与陈某的冲突，开始向父母借款为孩子治疗，但因孩子的病越来越严重，花费越来越大。2002年1月，高某迫不得已打电话给陈某，要求增加抚育费。陈某认为抚育费是双方协商的，不能随意变动，而且认为抚育费是指生活费与学习费，根本不包括医疗费。高某了解到前夫单位的经济效益很好，每月奖金就有800元。而高某现已欠债3万元，实在无力负担孩子的住院治疗费用。

《婚姻法》第36条规定：“父母与子女间的关系，不因父母离婚而消除。离婚后，子女无论由父或母直接抚养，仍是父母双方的子女。离婚后，父母对子女仍有抚养和教育的权利和义务。”第37条第2款规定：“关于子女生活费和教育费的协议或判决，不妨碍子女在必要时向父母任何一方提出超过协议或判决原定数额的合理要求。”最高人民法院《关于人民法院审理离婚案件处理子女抚养问题的若干具体意见》中第7条规定：“子女抚育费的数额，可根据子女的实际需要、父母双方的负担能力和当地的实际生活水平确定。”第2款中规定，“有固定收入的，抚育费一般可按其月总收入的百分之二十至三十的比例给付”。第4款规定：“有特殊情况的，可适当提高或降低上述比例。”第18条规定，“子女要求增加抚育费有下列情形之一，父或母有给付能力的应予支持：（一）原定抚育费数额不足以维护当地实际生活水平的；（二）因子女患病、上学，实际需要已超过原定数额的”。为了解决对抚育费包括哪些支出存有岐义的问题，最高人民法院还在《关于适用〈中华人民共和国婚姻法〉若干问题的解释（一）》第21条中规定：“婚姻法第二十一条所称的‘抚养费’，包括子女的生活费、教育费、医疗费等费用。”

本案陈某与高某1997年离婚时达成的有关子女抚养费的协议，是根据当时陈某的收入情况及孩子的实际需要及当地生活水准做出的。时隔几年，情况发生了变化。孩子的实际需要增加，陈某的收入有了显著提高。陈某不能以抚育费数额已协议确定，抚育费不含医疗费为理由拒绝增加。

本案陈某与高某可立足于现实，结合陈某的给付能力及孩子的实际需要，比照当地生活水平等方面因素，充分协商；亦可请求有关部门调解；也可向人民法院提起诉讼。

36 父母是否有权擅自动用未成年人的财产？

方某从小文学方面很有才华，12 岁时已有 5 本书出版，并获稿费 5 万元。方某的父母认为这笔钱应当给孩子以后上学用，并由母亲将 5 万元以方某的名义存入银行。方某上高一那年，父亲因病去世，母亲再婚。结婚时间不长，继父下岗，因心情不好，母亲与继父的关系开始紧张。为了挽救这段婚姻关系，母亲未经方某同意，将方某的钱取出来让丈夫用。而方某母亲的行为并未使双方的婚姻关系好转，最终方某的母亲还是与继父离婚。离婚时，双方将方某余下的 3 万元也作为夫妻共同财产分割。方某认为 3 万元是自己的个人财产，母亲与继父无权分割。

《未成年人保护法》第 10 条第 1 款规定："父母或者其他监护人应当创造良好、和睦的家庭环境，依法履行对未成年人的监护职责和抚养义务。"第 60 条规定："违反本法规定，侵害未成年人的合法权益，其他法律、法规已规定行政处罚的，从其规定；造成人身财产损失或者其他损害的，依法承担民事责任；构成犯罪的，依法追究刑事责任。"第 62 条规定："父母或者其他监护人不依法履行监护职责，或者侵害未成年人合法权益的，由其所在单位或者居民委员会、村民委员会予以劝诫、制止；构成违反治安管理行为的，由公安机关依法给予行政处罚。"

本案方某虽是未成年人，但根据我国法律规定 5 万元，稿费应属方某个人财产。母以方某的名字存入银行，并作为他上学和生活费用是适当的。其母与继父擅自动用方某的钱，并在离婚时作为夫妻共同财产分割，无疑侵犯了方某的财产权。方某的母亲与继父离婚时所能分割的财产只能是夫妻共同财产和合法约定的财产，而不应包括家庭其他成员的财产。

方某可与母亲与继父协议解决此问题，在协议无效的情况下，可通过有关部门的调解或诉讼程序主张自己的财产权。

37 离婚时，给子女的抚养费可移作他用吗？

钱某（男）与刘某结婚 6 年后，因感情不合协议离婚，双方协商女儿随母亲生活。钱某知刘某花钱缺乏计划，在协商抚养费时，提出按季或按月给付孩子抚养费，但刘某要求一次给付。钱某怕节外生枝，因此同意一次支付。后钱某一次性支付孩子抚养费 7 万元。但实际上刘某让钱某一次支付孩子抚养费目的是想买一辆汽车。拿到抚养费后，刘某便买了车。当钱某发现刘某擅自动用孩子抚育费买车时，认为刘某未很好地履行作为监护人的职责，于是向人民法院提出变更女儿的抚养权。

本案是涉及夫妻离婚后，子女抚养费的给付及抚养费的如何使用的问题。人民法院审理离婚案件，对子女抚养问题应当从有利于子女身心健康、保障子女的合法权益出发，并结合父母双方的抚养能力和抚养条件等具体情况，妥善解决。最高人民法院《关于人民法院审理离婚案件处理子女抚养问题的若干具体意见》第 1 条就强调 2 周岁以下的子女一般随女方生活。第 7 条明确规定了子女抚养费的确定标准。第 8 条规定，抚养费应定期给付，有条件的可以一次性给付。

本案中女儿随母亲刘某生活，钱某又依据法律规定和双方的协商，一次性给付了抚养费。按照法律规定，抚养费应完全用于子女的生活、教育、医疗方面。刘某擅自用抚养费购买汽车是违法的，同时母亲刘某对女儿没尽到自己的抚养责任。因此，钱某要求其返还抚养费并变更女儿的抚养关系应该得到人民法院的支持。

38 赠与未成年人的财产能否侵犯？

杜某今年9岁，美术天份较高。通过参加各种比赛，杜某取得了越来越好的成绩。画家项某认为杜某不仅天份高，且努力、上进，将来在画坛上肯定会有所作为。项某将自己所画的一幅获过大奖的画赠与杜某作为对杜某的奖励。几年后，项某在国外讲学时去世。项某的独生女在继承遗产时，得知父亲赠与一事，十分生气。项某的女儿想要回这幅画，但被杜某拒绝。

最高人民法院《关于贯彻执行〈中华人民共和国民法通则〉若干问题的意见（试行）》第6条规定："无民事行为能力人、限制民事行为能力人接收奖励、赠与、报酬，他人不得以行为人无民事行为能力、限制民事行为能力为由，主张以上行为无效。"

本案争议焦点是杜某是未成年人，属无民事行为人，是否能够独立实施重大民事行为。根据我国法律规定，项某女儿要求杜某返还接受赠与的画的要求是缺乏法律支持的。项某赠与杜某画的行为有效，项某女儿无权要求杜某返还接受赠与的画。

39 未成年人的继承权能否被剥夺?

小玲年仅9岁，其父吴某在一次交通意外中死亡。吴某夫妇有三室一厅房产一处，还有20万元存款和轿车一辆。因小玲的祖父母主张继承权利，而对于财产的分割，小玲的母亲与其祖父母发生分歧。祖父母认为小玲是外姓人，不应有其份额。小玲母亲认为未成年的女儿同样有继承父亲遗产的权利。由于双方达不成协议，小玲的母亲代小玲起诉到法院，法院依据法律，将小玲列为第一顺序继承人，其继承的财产暂由母亲代管。

依照《继承法》第10条、第12条的规定，被继承人死亡后，被继承人的配偶、子女、父母同为第一顺序继承人，享有同等的继承权。不仅如此，《继承法》还作了许多保护未成年人继承权的特殊规定，即当未成年人的父母先于未成年人的祖父母或外祖父母死亡时，在祖父母或外祖父母死亡时，未成年人可以代替其已死亡的父母的位置继承被继承人的遗产。如本案的情况，小玲不仅有权继承其父遗产，若干年后还可代替其父继承其祖父母的遗产。《继承法》第19条还规定，被继承人立遗嘱时不能取消缺乏劳动能力又无生活来源的法定继承人的继承权。据此，如果被继承人立遗嘱时取消了无独立生活能力的未成年人的继承权，所立遗嘱即为无效。被剥夺继承权的未成年人有权按照《继承法》的规定作为法定继承人继承遗产。

法律的规定充分体现了对未成年人的人文关怀。未成年人与成年人一样，拥有同等的民事权利能力，他们的财产权利理应得到尊重。未成年人不仅依法享有继承权，而且还受到特殊保护。在未成年人的继承权受到侵害时，可以由他的法定代理人向侵权人提出返还遗产、赔偿损失，也可以依法向法院起诉，以维护未成年人的合法权益。另外，一些思想陈旧、重男轻女、无视未成年人财产权利的人应转变观念、增强法律意识，平等对待未成年人应有的权利。

40 两岁女儿为何状告父亲?

小莹出生后就没有见过自己的父亲，小莹的父亲在其出生前就外出打工了，母亲在生下小莹一个月之后去世。小莹是由外祖父母抚养的。但小莹的外祖父母毕竟年龄很大了，身体又不好。小莹的生父一直没有承担抚育费。经寻求法律援助，由律师代两岁的小莹将生父告上法庭。要求父亲承担抚养自己的义务。并且要求父亲补偿两年来的抚养费。

小莹可以通过法律手段来维护自己的合法权益。《未成年人保护法》第10条规定：“父母或者其他监护人应当创造良好、和睦的家庭环境，依法履行对未成年人的监护职责和抚养义务。禁止对未成年人实施家庭暴力，禁止虐待、遗弃未成年人，禁止溺婴和其他残害婴儿的行为，不得歧视女性未成年人或者有残疾的未成年人。”《婚姻法》第21条规定，父母对子女有抚养和教育的义务。所谓抚养是在物质上、生活上为子女提供最基本的生活帮助。因为儿童是弱者，无力保护自己，所以给孩子生活上的保护是最基本的。因为小莹的母亲已去世，所以小莹可以要求父亲承担对自己的抚养义务。如父亲不履行此义务，情节特别严重时，可能还构成遗弃罪。当然如果因各种原因小莹无法随其父亲生活，且孩子的外祖父母有一定抚养能力，小莹随外祖父母生活可能更有利于小莹的身心发展，小莹的父亲必须每月承担小莹一定的抚育费。

41 自书遗嘱可以剥夺未成年人的继承权吗？

刘某中年得子，但妻子在儿子刘民未满 5 岁时去世。由于儿子自小失去母亲，刘某既当父亲又当母亲，往往疏于管教。刘民上了小学之后，经常与他人打骂，并且经常偷东西。一次，当刘某因刘民在外打骂，打了儿子一顿后，11 岁的儿子离家出走，6、7 个月没有任何消息。期间刘某身患肝癌病逝，并留下遗嘱，其中写明刘民不得继承任何遗产，全部遗产由其一直照顾自己的刘民的表姐继承。刘民被有关部门送回家时，父亲早已离开人世。刘民得知父亲的遗产全部由表姐继承时，感到十分伤心。刘民听别人讲表姐应将遗产全部还给自己，所以刘民向表姐提出归还父亲遗产的请求。

《继承法》第 5 条明确规定：“继承开始后，按照法定继承办理；有遗嘱的，按照遗嘱继承或者遗赠办理；有遗赠扶养协议的，按照协议办理。”这意味着遗嘱继承或遗赠优先于法定继承。但本案的关键问题是刘某所立遗嘱是否具有法律效力？《继承法》第 16 条同时指出：“公民可以立遗嘱将个人财产指定由法定继承人的一人或者数人继承。公民可以立遗嘱将个人财产赠给国家、集体或者法定继承人以外的人。”这一规定表明公民可以通过立遗嘱的方式，自由处分其死亡之后留下的个人合法财产。但这种自由不是绝对的，而是相对的，立遗嘱的自由也应受到法律的限制。我国《继承法》第 19 条指出：“遗嘱应当对缺乏劳动能力又没有生活来源的继承人保留必要的遗产份额。”本案中刘民年仅 11 岁，属于无劳动能力又没有生活来源的情况，其父未给儿子留下任何遗产，显然违反有关法律规定，应认定遗嘱内容部分无效。因此刘民有权获得必要的遗产份额，以保证其最基本的生活。刘民的父亲立遗嘱的目的，是为了让儿子改变恶习，但是却违法取消了未成年子儿子的继承权，因此该遗嘱应视为部分无效。当然为了体现公平原则，刘民的表姐有依照刘某的遗嘱取得一定遗产的权利。

42 12岁孩子放火烧毁汽车，谁承担赔偿责任？

12岁的任某放学回家后，发现自己未带钥匙，所以感很无聊。从商店里买来一盒烟，学抽烟。后发现院前的草地有堆集的杂草，便出于好奇点燃了杂草，没成想突然起风，火随着风越烧越猛烈，任某一时乱了手脚。草地上停放着一辆汽车，因为附近没有水，任某只好眼见着汽车被烧毁。有几个老人发现任某纵火，便报了案。车主要求追究任某的刑事责任和民事赔偿责任。

《刑法》第17条规定："已满十六周岁的人犯罪，应当负刑事责任。已满十四周岁不满十六周岁的人，犯故意杀人、故意伤害致人重伤或死亡、强奸、抢劫、贩卖毒品、放火、爆炸、投毒罪的，应当负刑事责任。……因不满十六周岁不予刑事处罚的，责令他的家长或监护人加以管教；在必要的时候，也可以由政府收容教养。"这一规定意味着未满14周岁的人无论在什么情况下，都不负刑事责任，但有关部门可以对其收容教育。本案任某虽然放火导致严重后果，但任某依法不承担刑事责任。但是车主可就其所受到的损失要求任某的父母承担赔偿责任。《民法通则》第113条规定："无民事行为能力人、限制民事行为能力人造成他人损害的，由监护人承担民事责任。"任某属于无民事行为能力人，其父母为其法定监护人。因此，任某造成他人的损害，应由其父母承担赔偿责任。

43 祖母可以让孙子赡养自己吗？

肖老太太在生育一个儿子后，丈夫便去世了。为了好好抚养儿子，肖老太太没有再婚。儿子结婚后，儿媳最初对肖老太太不错，等肖老太太将唯一的孙子小军带大后，儿子、儿媳便开始嫌弃母亲，三天两头指桑骂槐。老人多吃点饭，儿子、儿媳都要给脸色。一次，旅游时儿子从缆车上摔下死亡，此时肖老太太的处境更加艰难。后来，儿媳索性将肖老太太赶出家门。一位好心的邻居暂时收留了肖老太太。一个月后，肖老太太听说儿媳因涉嫌贪污公款被依法逮捕，肖老太太返回家中，用自己可怜的积蓄抚养尚在学校上学的孙子小军。小军大学毕业后，回到当地在一家民办企业工作。由于工作出色，小军很快成为部门经理。此时肖老太太得了重病。肖老太太认为儿子、儿媳都指不上，孙子更指不上了。肖老太太可否让孙子小军赡养自己？

《婚姻法》第 2 条规定："保护妇女、儿童和老人的合法权益。"《婚姻法》第 3 条进一步规定："禁止家庭暴力。禁止家庭成员间的虐待和遗弃"。《婚姻法》第 21 条规定："子女对父母有赡养扶助的义务。……子女不履行赡养义务时，无劳动能力的或生活困难的父母，有要求子女付给赡养费的权利。"为了更好地保障老年人的权益，《婚姻法》第 28 条进一步规定："有负担能力的孙子女、外孙子女，对于子女已经死亡或子女无力赡养的祖父母、外祖父母，有赡养的义务。"因此赡养父母不仅是道德的要求，更是法律义务。肖老太太的儿子、儿媳的做法是错误的。如果子女不履行赡养的法定义务时，老人可向子女请求，亦可通过有关部门或亲朋好友协商解决，直至向法院起诉。本案肖老太太的儿子病逝，儿媳被逮捕，老人又有病，处于生活的困境。但是肖老太太不必为自己的生活担忧，根据《婚姻法》第28条的规定，肖老太太完全有充分的法律依据请求孙子小军承担对自己的赡养、扶助的义务。

44 小林有无扶养大姐的义务?

小林姐弟俩人，从小父母双亡。姐姐一手带大了弟弟。为了让弟弟接受良好的教育，姐姐省吃俭用，直到30岁姐姐才出嫁。以后弟弟考取了大学，毕业后留在了城里。由于严重的营养不良，姐姐身体一直很虚弱，小林的姐夫亦因家族遗传性疾病早早离开了姐姐。小林的姐姐因伤心过度，双目失明。小林工作后，一直给姐姐寄钱。但小林结婚后，其妻认为小林经常给姐姐寄钱影响了家庭生活，为稳定家庭，小林不再给姐姐寄钱。小林的姐姐可以要求弟弟承担对自己的扶养义务吗?

扶养是一定范围内的亲属在经济上相互供养、生活上相互照料。《老年人权益保障法》第16条第2款规定:“由兄、姊扶养的弟、妹成年后，有负担能力的，对年老无赡养人的兄、姊有扶养的义务。”《婚姻法》第29条规定:“有负担能力的兄、姐，对于父母已经死亡或父母无力抚养的未成年的弟、妹，有扶养的义务。由兄、姐扶养长大的有负担能力的弟、妹，对于缺乏劳动能力又缺乏生活来源的兄、姐，有扶养的义务。”上述规定说明兄弟姐妹之间的扶养不是无条件的，而是有条件的:其一，弟、妹要有负担能力。其二，弟、妹须由兄、姐抚养成人。其三，兄、姐须丧失劳动能力，且无生活来源。从本案看，小林很小父母双亡，是大姐主动担负起抚养小林的责任。小林完成大学学业与姐姐的付出有密切关系。目前，小林的大姐丧失劳动能力，陷入生活困境，需要小林的帮助，小林应承担扶养大姐的责任。小林的这种责任并不仅仅是道德上的，更是我国法律的要求。因此小林承担对大姐扶养的责任于情于理于法都是应当的。

45 父亲基本未尽抚养义务，子女还应尽赡养义务吗？

陈某，男，现年 80 岁，有 4 个子女。陈某年轻时一直做买卖，生活较富裕。但陈与妻子感情不好，一直在外与别人姘居，对子女和妻子基本未尽义务，所以 4 个子女是由母亲带大的，均与陈某无感情，并且痛恨陈某。陈某自知愧对大家，所以年老后一直靠自己的积蓄维持生活。但坐吃山空，积蓄逐渐用光，因有子女所以不属国家福利照顾对象，现生活已无法保障。在无奈的情况下，陈某向 4 个子女提出要求赡养。但子女认为，作为父亲有抚养子女的义务，陈某在他们兄妹小时并没尽到一个做父亲的责任。根据法律精神，权利义务应是对等的，陈某在子女小时没尽到抚养义务，现在他们也就没有赡养的义务，所以他们四子女认为不应对陈某尽赡养义务。

本案中，陈某在年轻时没对子女尽抚养教育义务，子女基本是在母亲一人的操劳下艰难成长起来的，陈某的过错是明显的。根据《婚姻法》的有关规定，父母对子女有抚养教育的义务；子女对父母有赡养扶助的义务。父母不履行抚养义务时，未成年的或不能独立生活的子女，有要求父母给付抚养费的权利，子女不履行赡养义务时，无劳动能力，或生活困难的父母，有要求付给赡养费的权利。《婚姻法》中无关于在何种情况下，父母会丧失要求子女赡养权利的情形的规定，所以本案中，陈某的子女认为陈某因在他们年幼时，基本未尽抚养义务，根据权利义务的对等原则，他们也不该尽赡养义务，在法律中是无依据的。因此，在陈某年老体弱、无生活来源又不属于国家照顾对象的情形下，基于他们之间的血缘关系，子女对陈某应予赡养。

46 离婚后，前夫向前妻要生活费有法律依据吗？

尹某与丈夫刘某协议离婚后，自己开了一家服装店，生意还挺红火。刘某喜欢吃喝玩乐，每月工资不足自己消费。刘某就借口看孩子到尹某那里要钱。尹某感到压力很大，决定不再给前夫钱，但刘某继续纠缠不休，进而对尹某进行打骂。尹某当即向110报警。在民警的教育下，刘某认识到自己的做法是错误的。

《婚姻法》第20条规定：“夫妻有互相扶养的义务。一方不履行扶养义务时，需要扶养的一方，有要求对方付给扶养费的权利。”这一法律规定是以夫妻关系的存续为基础的。《婚姻法》第42条规定：“离婚时，如一方生活困难，另一方应从其住房等个人财产中给予适当帮助。具体办法由双方协议；协议不成时，由人民法院判决。”离婚则终止了夫妻身份，夫妻间的相互扶养义务因离婚归于终止，任何一方都不能向对方索要扶养费，另一方也无此义务。但如果另一方生活确有困难的，可要求经济帮助。

本案刘某的做法是错误的。《婚姻法》规定是离婚时一方对困难一方的经济帮助，与夫妻扶养义务有着性质与内容上的区别，经济帮助非扶养义务，它是相对的是有条件的。

本案在处理时可以采取下列措施：

其一，尹某可以向居委会或刘某所在单位请求调解；

其二，如果刘某再打尹某，尹某可到专门机构进行伤情鉴定，并注意保存相关的证据，以便要求刘某承担相应的法律责任。

47 已解除婚姻关系的男女，还有权继承对方遗产吗？

胡某（男）经人介绍与邻村的女青年郑某相识并结婚，婚后双方生有一子。后双方因家庭琐事产生矛盾，郑某与丈夫离婚。但离婚后，两人还时有往来。后来两人还是因为孩子又住到一起。次年，胡某因车祸死亡，肇事方给付了赔偿金 8 万元。郑某认为自己对 8 万元的赔偿金亦有继承权，但胡某父母认为胡某并未与郑某办理正式的复婚手续，无权要求继承。

《婚姻法》第 24 条规定：“夫妻有相互继承遗产的权利。”《继承法》规定，配偶、父母、子女为第一顺序的继承人。根据民政部发布的《婚姻登记管理条例》的规定，本案胡某与郑某离婚后未办复婚登记手续，便在一起共同生活，属非法同居关系。最高人民法院《关于适用〈婚姻法〉若干问题的解释（一）》第 5 条、第 6 条规定，同居生活期间一方死亡，另一方要求继承死者遗产，如认定为事实婚姻关系的，可以配偶身份按继承法的有关规定处理；如认定为非法同居关系，而又符合《继承法》第 14 条规定的，可根据相互扶助的具体情况处理。

本案中胡某与郑某离婚后未办理复婚登记手续，未构成事实婚姻关系，因而郑某对胡某的遗产无继承权。《继承法》第 14 条规定：“对继承人以外的依靠被继承人扶养的缺乏劳动能力又没有生活来源的人，或继承人以外的对被继承人扶养较多的人，可以分给他们适当的遗产。”

根据上述法律规定，8 万元的赔偿金，不能视为夫妻共同财产，而应为胡某的个人财产，由其法定继承人胡某的父母及女儿继承，郑某无权继承。法律对非法同居一方予以一定的经济上的帮助，体现了一定的公平原则。离婚意味着夫妻之间继承权不复存在。但郑某的女儿有继承生父遗产的权利。

基于郑某与胡某同居生活的客观事实，郑某可分得适当遗产。在这一问题的处理上，双方可以就继承的比例协商，但应注重保护妇女、儿童及老人的合法权益。

48 未对子女抚养问题达成协议，可否到婚姻登记机关登记离婚？

小兴与女青年小怡在舞厅里相识，两人感觉有说不完的话。8 个月后，双方结为夫妻，一年后有了一个女儿。婚后小兴仍像婚前那样经常出入各大舞厅，引起小怡的不满。但小兴我行我素，将小怡的劝说当做耳旁风，并与一位舞伴打得火热。感觉丈夫不可救药的小怡向丈夫提出离婚，丈夫同意。但因女儿是由小怡与孩子的姑姑共同抚养，双方在孩子的抚养问题上发生了分歧。双方到婚姻登记机关后，决定让婚姻登记机关作出决断。但婚姻登记机关认为双方未对子女抚养问题达成协议，不符合行政程序离婚的条件，因此对双方的离婚请求未受理。

《婚姻法》第 31 条规定：“男女双方自愿离婚的，准予离婚。双方必须到婚姻登记机关申请离婚。婚姻登记机关查明双方确实是自愿并对子女和财产问题已有适当处理时，发给离婚证。”即法律要求离婚的男女双方必须对子女抚养与财产分割问题达成一致协议，才可适用行政程序的离婚。

所谓子女的抚养问题包括子女随谁生活、抚育费的数额、抚育费的期限及支付的方式。同时应处理好夫妻共同财产的分割、共同债务的清偿等问题。

本案婚姻登记机关之所以未受理小兴与小怡的离婚请求，就在于双方未对子女抚养问题达成协议，因此不能适用行政程序的离婚。

建议小兴与小怡进一步协商子女抚养问题，如果达成协议，可到婚姻登记机关登记离婚；如果双方达不成一致意见，应通过法院解决。

49 妻子婚外与人同居，丈夫可要求离婚损害赔偿吗？

南老汉年轻时失去了妻子，再也未娶。南老汉为人善良、勤劳、节俭，做点小生意，靠自己的辛勤劳动有了一些积蓄，还买了商品房。罗某在丈夫去世后，一直未找到对象。当她得知南老汉的情况后，经常找各种借口帮南老汉干活。年近70岁的南老汉一直把30多岁的罗某当作自己的女儿对待。后来罗某暗示南老汉，自己想嫁给他，南老汉未同意。有一次南老汉病了，罗某坚持照顾南老汉，南老汉被罗某的行为感动了，向罗某求婚。南老汉以为自己晚年得福，所以很认真地举行了婚礼。然而，婚后2年罗某掌握了南老汉的存款等财物后，便开始公开地与一位男性在外同居，并向南老汉提出离婚。

《婚姻法》第32条第3款规定：“有下列情形之一，调解无效的，应准予离婚：（一）重婚或有配偶者与他人同居的；

……”最高人民法院《关于适用〈中华人民共和国婚姻法〉若干问题的解释（一）》第2条规定：“婚姻法第三条、第三十二条、第四十六条规定的‘有配偶者与他人同居’的情形，是指有配偶者与婚外异性，不以夫妻名义，持续、稳定地共同居住。”《婚姻法》第46条规定，有配偶者与他人同居而导致离婚的，无过错方有权请求损害赔偿。

本案双方的婚姻基础极差，罗某与南老汉结婚完全是贪图老人的财产。同时罗某在外与他人同居，虽未以夫妻名义生活但确已严重损害了南老汉与罗某的合法夫妻关系。因此，罗某明显属于有过错一方。罗某应对南老汉承担一定的离婚损害赔偿责任。南老汉可以在同意离婚时，向人民法院提出损害赔偿的请求。

50 父亲可否以孩子改姓为由拒付抚育费？

付某（男）与小荣2000年经法院调解离婚，7岁的儿子小奇随母亲生活，男方每月支付抚育费300元。离婚后，小荣于2001年12月再婚，并让孩子改随继父的姓。付某得知后，认为孩子改姓就不再是付家的后代，于是停止支付孩子抚育费。付某这样做有法律根据吗？

《婚姻法》第22条规定：“子女可以随父姓，也可以随母姓。”第36条规定：“父母与子女间的关系，不因父母离婚而消除。离婚后，子女无论由父或母直接抚养，仍是父母双方的子女。离婚后，父母对于子女仍有抚养和教育的权利和义务。”

因孩子改随继父的姓氏，便拒绝支付抚育费的做法违背《婚姻法》的有关规定。无论子女随父姓或随母姓，父母双方均有对子女抚养和教育的权利和义务。父母子女间的权利与义务关系，除因成立收养关系而消除外是不能解除的。父母子女间的法律关系，既不因父母离婚而消除，也不能因子女更改姓氏而改变。所以付某以孩子改随继父姓氏为由拒付抚育费的做法违背了我国《婚姻法》的规定。根据最高人民法院《关于人民法院审理离婚案件处理子女抚养问题的若干具体意见》第 19 条规定："父母不得因子女变更姓氏而拒付子女抚育费。父或母一方擅自将子女姓氏改为继母或继父姓氏而引起纠纷的，应责令恢复原姓氏。"

上述规定，说明夫妻离婚后，一方不能以另一方为子女改姓拒绝支付抚育费；同时也说明夫妻离婚后在子女的姓氏问题上，如果变更子女的原姓氏，应与原配偶协商，如协议不成，子女又无法表达自己的意志，仍应沿用原来的姓氏；如果双方为此协议不成，可向法院起诉请求法院责令擅自改姓的一方为孩子恢复原姓氏。

本案小荣可请求付某支付儿子抚养费，并补偿停止支付的抚育费。双方可以协议，协议不成，小荣可以作为儿子的法定代理人向法院提起诉讼。如果付某不不履行抚养义务，还可以向法院提出强制执行的请求。

51 可否更改确定抚养费的离婚协议？

张某（男）经人介绍认识了于某，双方到张某户口所在天津某区领取了结婚证。结婚后不久，张某因与人打架被公安机关拘留。次年，张某又因经济问题受到处分。于某感到丈夫缺乏家庭责任感，在儿子出生仅 8 个月时，于某提出离婚，两人达成离婚协议。协议的主要内容包括：双方均同意离婚；儿子由母亲抚养；双方对共同财产的分割无争议。因当时张某的收入较低，于某经济条件较好，因此于某同意男方不承担抚养费。双方离婚两年后，于某患病，生活陷入困境。张某在离婚后即辞去公职，开办了广告公司，收入颇丰。于某要求张某承担孩子部分抚育费，但张某认为离婚协议具有法律效力，不可任意更改。

《婚姻法》第 37 条规定："离婚后，一方抚养的子女，另一方应负担必要的生活费和教育费的一部或全部，负担费用的多少和期限的长短，由双方协议；协议不成时，由人民法院判决。关于子女生活费和教育费的协议或判决，不妨碍子女在必要时向父母任何一方提出超过协议或判决原定数额的合理要求。"这说明关于子女生活费和教育费的判决与协议在一定的情况下是可以变更的。

本案中张某与于某的离婚协议内容符合《婚姻法》规定，应视为有效。但离婚协议达成，并不妨碍子女在认为必要时，提出增加抚养费的要求。本案于某作为儿子的法定代理人要求张某每月支付抚养费有法律依据。

处理这类纠纷时，除应对不想履行子女抚养义务一方进行批评教育外，还应考虑到子女的实际需要与给付一方的负担能力及当地的生活水平。对此，最高人民法院《关于人民法院审理离婚案件处理子女抚养问题的若干意见》第 7 条至第 11 条有着明确规定。

在处理这一问题时，应注意下列问题：

(1) 离婚后的父母双方有平等的负担子女生活费和教育费的义务。离婚后子女由一方抚养，另一方应负担必要的抚育费，特定的情况下，抚养子女的一方既有负担能力，又愿意独自承担全部抚育费，才可免除另一方的负担责任。

（2）子女抚育费的数额，应根据子女的实际需要、父母双方的负担能力和当地的实际生活水平等因素予以考虑。

其一，有固定收入的，抚育费可按其月总收入的20%－30%的比例给付。负担两个子女抚育费的比例可适当提高，但一般不得超过月总收入的50%。无固定收入的，抚育费的数额可依据当年总收入或同行业平均收入，参照以上比例确定。有特殊情况的，可适当提高或降低以上比例。

其二，抚育费的给付办法。子女抚育费原则上应定期给付，如果父母从事农业生产或其他生产经营活动，没有固定收入的，可按季度或年度支付现金或实物，有条件的也可一次性给付。如父母一方无经济收入或下落不明的，可用其财物折抵子女抚育费。

其三，子女抚育费的给付期限。子女抚育费的给付期限，一般至子女18周岁为止。16周岁以上不满18周岁的，以其劳动收入为主要生活来源，并能维持当地一般生活水平的，父母可停止给付抚养费。对18周岁以上，尚未独立生活的成年子女，有下列情形之一，父母有给付能力的仍应负担必要的抚养费：尚在校接受高中及其以下学历教育；丧失劳动能力或未完全丧失劳动能力但其收入无法维持正常生活的成年子女。

本案双方当事人可认真协商儿子抚养费的数额、给付的期限和方法。如果难以达成协议，于某可作为儿子的法定代理人提起诉讼。

52 离婚时一次付清抚养费，以后子女可否再请求支付抚养费？

小星（男）与小欣在生活了5年后，感到性格不和，双方协议离婚。当时双方协议3岁的女儿菲菲随母亲生活，由小星一次支付孩子抚养费。当时小星收入极低，除支付1万元现金外，小欣允许小星将其应分割的财产部分折抵作为其一次性付清的抚养费。后小星再婚。再婚时，小星向妻子讲明自己以后不再承担菲菲的抚养费。2002年小欣向小星提出由于单位效益不好，要求小星承担菲菲的生活费与教育费的一部分。小星担心因此事影响与妻子的关系，所以拒绝了前妻的要求。

《婚姻法》第37条第2款规定："关于子女生活费和教育费的协议或判决，不妨碍子女在必要时向父母任何一方提出超过协议或判决原定数额的合理要求。"最高人民法院《关于人民法院审理离婚案件处理子女抚养问题的若干具体意见》第18条规定："子女要求增加抚养费有下列情形之一，父或母有给付能力的，应予支持。（1）原定抚养费数额不足以维持当地实际生活水平的；（2）因子女患病、上学，实际需要超过原定数额的；（3）有其他正当理由应当增加的。"上述规定表明，在一定条件下，子女抚育费的给付可以变更。子女可以向已离婚的父母任何一方，请求超过原协议或判决书所定抚育费数额。因为协议或判决的原定抚育数额，是根据当时子女的需要和父母的给付能力及当地生活水平确定的，后来情况发生变化，原定数额不足以满足子女的实际需要，子女作法可以要求变更。子女抚育费的变更包括增加、减少或免除。

本案小星与妻子离婚时，虽对子女有过抚养费的协议，但这并不意味着可以解除自己对女儿的抚养义务。目前小星前妻单位效益不好，要求小星承担孩子的生活费与教育费的一部分有法律依据。小星不能以曾有过协议为借口，拒不承担自己的法律责任。

双方可以协商解决，协商不成的话，可以由女儿作为原告向法院提起诉讼请求。如果小星在法院作出判决后，仍不履行自己的义务，按照《婚姻法》第 48 条的规定，对拒不执行有关抚养费的判决或裁定，人民法院得依法强制执行，有关个人和单位应负协助执行的责任。

53 双方承认的口头约定有法律效力吗？

范某（女）与刁某相识在一次展览会上，1 年后两人结婚。婚后第 3 年双方因矛盾不断开始分居。双方口头约定以后各自的财产归各自所有。2002 年范某向法院起诉离婚，刁某同意离婚。而就在此时，范某得知，刁某有两篇文章获奖。其中一篇是刁某分居前所写，奖金 3000 元，另一篇则是分居后所写，奖金 4000 元。对这 7000 元的归属双方各执己见。刁某认为两篇文章都是自己所写，属知识产权收益，与范某无关；范某不否认双方对财产的约定，但认为分居后的作品获得的奖金归男方所有，但分居之前的作品获得的奖金，应视为夫妻共同财产。如何认定这笔财产的归属？

《婚姻法》第 19 条规定：“夫妻可以约定婚姻关系存续期间所得的财产以及婚前财产归各自所有、共同所有或部分各自所有、部分共同所有。约定应当采用书面形式。没有约定或约定不明确的，适用本法第十七条、第十八条的规定。夫妻对婚姻关系存续期间所得的财产以及婚前财产的约定，对双方具有约束力。”

通常的情况下，夫妻在婚姻关系存续期间所得的财产为夫妻共同财产，双方另有约定的除外。夫妻双方对财产归谁所有以书面形式约定的，应认定有效，该约定对夫妻双方均有约束力。以口头形式约定，离婚时双方无争议的，可认定该约定有效，但规避法律的约定无效。

《婚姻法》第17条对夫妻共同财产的概念与范围作了界定："夫妻在婚姻关系存续期间所得的下列财产，归夫妻共同所有：

（一）工资、奖金；

（二）生产、经营的收益；

（三）知识产权的收益；

（四）继承或赠与所得的财产，但本法第十八条第三项规定的除外；

（五）其他应当归共同所有的财产。

夫妻对共同所有的财产，有平等的处理权。"

《婚姻法》的这一规定，使我国夫妻财产制的规定更为公正。

所谓个人财产是属于夫妻个人所有的财产，《婚姻法》第18条规定："有下列情形之一的，为夫妻一方的财产：

（一）一方的婚前财产；

（二）一方因身体受到伤害获得的医疗费、残疾人生活补助费等费用；

（三）遗嘱或赠与合同中确定只归夫或妻一方的财产；

（四）一方专用的生活用品；

（五）其他应当归一方的财产。"

本案分居后习某所写文章得到的4000元奖金，应属于婚

后约定的个人财产，归习某个人所有。婚后分居前的3000元奖金应归夫妻共同所有，由双方共同分割。因双方对财产进行了口头约定，范某承认，所以该口头约定具有法律效力。

54 如何分割存款、股票等夫妻共同财产？

小春（男）与小娇，于2000年到婚姻登记机关登记结婚。婚后双方约定，5年内不要孩子。由于双方缺乏沟通，婚后未能建立起夫妻感情。2001年11月小春与小娇开始分居。2002年1月，小娇提出离婚，并要求分割夫妻共同存款2万元、股票1000股、彩电、冰箱等夫妻共同财产。

《婚姻法》第39条规定：“离婚时，夫妻的共同财产由双方协议处理；协议不成时，由人民法院根据财产的具体情况，照顾子女和女方权益的原则判决。”

《婚姻法》第17条与第18条的规定及最高人民法院的司法解释，离婚时认定和分割夫妻共同财产，应把握以下几个方面：

（1）分割夫妻共同财产时，应严格区分夫妻共同财产与个人财产、家庭财产。《婚姻法》第17条、18条分别对夫妻共同财产、夫妻个人财产作了法律上的界定。对属个人财产还是夫妻财产难以界定的，主张权利的一方有举证责任。当事人举不出有力证据，人民法院又无法查实的，推定为夫妻共同财产。夫妻双方对共同财产享有平等的所有权，离婚时夫妻只能对夫妻共同财产进行分割。

（2）分割夫妻共同财产的原则。根据《婚姻法》及最高人民法院《关于人民法院审理离婚案件财产处理问题的若干意见》规定的基本精神，处理夫妻共同财产，应坚持下列原则：

第一，男女平等原则；第二，保护妇女、儿童合法权益的原则；第三，不损害国家、集体和他人利益的原则；第四，照顾无过错一方利益的原则；第五，有利于生产和生活的原则。

在分割夫妻共同财产时，要严格依法办事，正确界定夫妻共同财产的范围，同时注意按照夫妻共同财产分割的方法与原则进行分割，如双方对夫妻共同财产无法达成协议，人民法院应根据照顾妇女与子女利益的原则进行判决。

本案对夫妻共同财产的分割，可先由当事人双方协议，原则上平等分割。处理时应坚持男女平等、照顾女方利益的原则、有利于生产和生活需要的原则。可以对共同存款平均分割；对所用电器等采用价格补偿的方式分割；对于分割共同财产中的股票、债券、投资基金份额等有价证券以及未上市股份有限公司股份时，协商不成或者按市价分配有困难的，人民法院可以根据数量按比例分配。

55 为家庭生活付出义务较多的一方离婚时可否请求离婚补偿？

树生（男）与丽洁结婚 18 年，婚后生育一儿一女。婚后第 7 年，树生被单位派到外地工作，对家里照顾很少。将近 11 年的时间，丽洁独自挑起家庭重担，一面照顾年幼的孩子，一面接父母到身边进行照顾。因经济紧张，丽洁开始在外兼职。树生反而对丽洁有了意见，并想将岳父母赶走，遭到妻子反对。于是树生与丽洁达成书面约定，两人共同承担孩子的抚养费，丽洁自己出钱赡养父母，家庭里的开销主要由树生承担。一年后，树生向丽洁提出离婚，丽洁同意。但是丽洁认为自己对家庭付出的义务较多，要求丈夫进行一定补偿。树生拒绝了妻子的请求。尽家庭义务多的一方可以提出经济补偿的请求吗?

《婚姻法》第40条明确规定：“夫妻书面约定婚姻关系存续期间所得的财产归各自所有，一方因抚育子女、照料老人、协助另一方工作等付出较多义务的，离婚时有权向另一方请求补偿，另一方应当予以补偿。”

《婚姻法》的这一规定，是保护妇女原则在离婚制度上的具体体现。在我国，家庭模式多属“男主外、女主内”，这种家庭模式往往意味着女性在子女抚养、老人赡养方面承担着更多的责任及对丈夫工作更多的支持与付出。在此种情况下，无论出于何种原因，一方提出离婚，女方所遭受的精神与物质上的损失是巨大的。因此，法律规定在这种情况下，付出少的一方对付出多的一方予以补偿。

请求离婚补偿的一般应具备以下条件：

第一，双方对婚姻关系存续期间的财产作过书面约定，各归各自，双方认可的口头约定亦具有法律效力。如果双方未对此间的财产作过约定，不能要求离婚补偿。

第二，请求补偿的一方应是付出义务较多的一方。如在抚养、教育子女方面、照料老人方面及协助另一方的工作方面付出较多义务的一方，才有权请求补偿。

第三，请求补偿与给付补偿的男女双方均无过错。如果一方有重大过错，他方可以向法院请求损害赔偿。如果双方均有过错，则不承担补偿责任。应当指出的是，这不同于损害赔偿制度，其适用的主体、范围及赔偿的力度是不同的。

离婚补偿一般采取以下方式：补偿的数额可以先由男女双

方协议，协议不成的，由法院根据具体情况，如双方结婚时间的长短、子女的大小、财产的来源、双方在子女抚养教育方面的投入情况、老人赡养情况及双方的经济收入等状况进行判决。

本案丽洁在丈夫外出工作期间承担了对子女抚养、对老人的赡养义务。且双方有过书面约定，但离婚时如严格按照这一约定处理财产问题，显然是不公平的。丽洁虽收入微薄，但其从事家务劳动、抚养子女及赡养老人，对家庭作出重大贡献。根据《婚姻法》第40条的规定，丽洁应得到丈夫经济上的补偿。

双方可先就此问题予以协商，比如补偿数额、补偿方式、补偿期限等。如协商不成，丽洁可以向法院提起诉讼。法院会根据事实、法律公正处理此案。

56 婚姻关系存续期间，一方赌博所欠债务可否认定为夫妻共同债务？

1994年小梅与小山（男）在上夜校时相识并相恋结婚，婚后双方十分恩爱。但1996年后，小山开始玩麻将并染上赌博的恶习，夫妻感情日趋恶化。小山曾以家庭生活急需为名，借款3万元，全部输在麻将桌上。小梅多次劝说无效。2000年小梅的母亲突发冠心病住院，小梅是独生女儿，但根本无力支付巨额的医疗费用。在与丈夫协商后，小梅借款2万元用于母亲的治疗费用。小梅对小山屡教不改的行为深感绝望，2001年向小山提出离婚，小山同意离婚，并对子女抚养、共同财产的分割问题无争议，但是对双方所欠债务是共同债务还是个人债务有异议。

《婚姻法》第41条规定：“离婚时，原为夫妻共同生活所负的债务，应当共同偿还。共同财产不足清偿的，或财产归各自所有的，由双方协议清偿；协议不成时，由人民法院判决。”最高人民法院《关于人民法院审理离婚案件财产分割问题的若干具体意见》第17条规定：“夫妻为共同生活或为履行抚养、赡养义务等所负债务，应认定为夫妻共同债务，离婚时应当以夫妻共同财产清偿。”最高人民法院《关于适用〈中华人民共和国婚姻法〉若干问题的解释（二）》第24条规定：“债权人就婚姻关系存续期间夫妻一方以个人名义所负债务主张权利的，应当按夫妻共同债务处理。但夫妻一方能够证明债权人与债务人明确约定为个人债务，或者能够证明属于婚姻法第十九条第三款规定情形的除外。”

《婚姻法》第21条第1款规定，子女有赡养父母的义务。本案小梅为母亲治病显然是在履行法定义务，而该债务又是在婚姻关系存续期间产生的，因此小梅为治疗母亲疾病所欠的2万元应视为夫妻共同债务，小梅与小山应各负责清偿1万元。小山所借3万元，未用于家庭共同生活，而是用于赌博，同时小梅并不知晓小山借钱赌博这一情况，3万元应视为小山个人债务，由其本人负责清偿。

凡确定为夫妻共同债务，就必须用共同财产清偿。即在夫妻双方离婚时，清偿债务在先，分割财产在后。

夫妻个人债务是指夫妻一方为了个人的需要单独所负的债务，与双方共同生活无关。包括：男女各自婚前所负的债务；双方约定由个人负担的债务；一方未经对方同意擅自资助与其没有抚养义务的亲朋所负的债务；一方未经对方同意，独自筹资从事经营活动，其收入确未用于共同生活所负的债务。个人债务原则上由本人偿还，如负债一方确实无力偿还的，也可说服他方代为清偿，但应以自愿为原则，不得强迫。

57 离婚了，妻子还可以要求前夫提供帮助吗？

巩某（男）与孙某在 1997 年结婚。1998 年，孙某怀孕，因女方身体较弱，医生认为应施行剖腹产，后孙某剖腹产生一子。抚养孩子的艰辛与妻子身体的虚弱，使这个原本幸福的家庭蒙上了一层阴影。2000 年夏天，巩某与妻子协议离婚，双方对子女、财产分割的问题达成协议，巩某同时给了孙某 2 千元的经济帮助。一年后，巩某再婚。此时孙某向前夫提出生活帮助的请求，原因是剖腹产时留下的后遗症复发，自己因此下岗，加之抚养孩子，生活极度困难。但巩某认为自己已再婚，且前妻在离婚时已获得经济帮助，因此拒绝承担对女方的经济帮助责任。

《婚姻法》第 42 条规定："离婚时，如一方生活困难，另一方应从其住房等个人财产中给予适当帮助。具体办法由双方协议；协议不成时，由人民法院判决。"这一规定说明夫妻离婚时，如一方生活困难，另一方应给予适当的经济帮助。

根据《婚姻法》第 42 条规定，离婚时一方对另一方给予经济帮助需要符合三个条件：

第一，接受帮助的一方生活确有困难。生活确有困难是指无劳动能力、无生活来源或难以维持基本生活的。

第二，经济帮助具有时限性。时限性是仅限于离婚的当时，而非离婚后的任何时候，这种帮助不是夫妻扶养的延伸。

第三，提供帮助的一方须有负担能力，无负担能力的可以不帮助。最高人民法院《关于适用〈中华人民共和国婚姻法〉

若干问题的解释（一）》第27条规定：“婚姻法第四十二条所称‘一方生活困难’，是指依靠个人财产和离婚时分得的财产无法维持当地基本生活水平。”

本案双方在离婚时，孙某的手术并发症并未复发，尽管巩某当时出于对女方身体状况的考虑给了2千元的帮助，但不足以使女方维持最基本的生活。现在孙某旧病复发，经济上确实困难，所以孙某请求前夫给予适当的经济帮助是合理、合法的。

58 离婚后，女方有权继续居住产权属男方的房屋吗？

1998年，杨某（女）经人介绍与李某相识并结婚，婚后住在李某父母赠与的两间房中。李某的父母在赠与协议中指明该项财产归李某所有。婚后因男方脾气极为暴躁，夫妻感情日益恶化。杨某向李某提出离婚，双方对离婚问题及财产的处理无争议，但对居住问题有不同意见。杨某认为自己无力解决住房困难，提出离婚后继续居住在该房内。李某认为该房系婚前父母赠予，房屋产权归自己所有，女方无权要求居住。双方在住房问题上争执不下。

《妇女权益保障法》第48条规定：“夫妻共有的房屋，离婚时，分割住房由双方协议解决；协议不成的，由人民法院根据双方的具体情况，按照照顾子女和女方权益的原则判决。夫妻双方另有约定的除外。夫妻共同租用的房屋，离婚时，女方的住房应当按照照顾子女和女方权益的原则解决。”最高人民法院《关于人民法院审理离婚案件处理财产分割问题的若干具体意见》第14条规定：“婚姻存续期间居住的房屋属于一方所有，另一方以离婚后无房屋居住为由，要求暂住的，经查实可据情予以支持，但一般不超过两年。无房一方租房居住经济上确有困难的，享有房屋产权的一方可给予一次性经济帮助。”《婚姻法》第 42 条规定：“离婚时，如一方生活困难，另一方应从其住房等个人财产中给予适当帮助。具体办法由双方协议；协议不成时，由人民法院判决。”上述规定是基于民法中的公平原则，对在离婚后处于弱势的一方予以一定的帮助。在现实生活中，男女的经济能力仍存在一定差异，离婚时接受帮助的多为女性。

在现实生活中，尤其是在住房问题上，仍存在男女不平等的现象，许多单位的分房政策以男性为主。按照上述规定，在离婚后一方无房居住的情况下，可以继续住在另一方的住房内，但一般不超过两年；也可以由在离婚时享有房屋产权的一方，给予确有困难的另一方一次性经济帮助。本案杨某离婚时面临住房上的困难，因此男方在住房等问题上对杨某予以适当的经济帮助，符合法律规定。对生活困难一方给予经济上的帮助，有助于消除生活困难一方特别是女方在离婚问题上的经济顾虑，有助于真正实现离婚自由，保护妇女的合法权益，充分体现了我国法律的人道主义。

本案夫妻共同财产由杨某、李某均分，当然要体现照顾妇女、儿童的合法权益及对无过错一方利益的原则；房屋归李某所有，杨某可继续居住李某的房屋，但居住期限依照法律规定不得超过两年。如果李某允许延期，法律并不干预。

59 家庭财产纠纷产生后应向哪个法院起诉？

古某因房屋分割与弟弟产生纠纷，经多方调解未能达成协

议。最终古某决定起诉，但不知向哪一级法院起诉。

《民事诉讼法》第 18 条明确规定：“基层人民法院管辖第一审民事案件，但本法另有规定的除外。”第 19 条规定：“中级人民法院管辖下列第一审民事案件：（一）重大涉外案件；（二）在本辖区有重大影响的案件；（三）最高人民法院确定由中级人民法院管辖的案件。”第 20 条规定：“高级人民法院管辖在本辖区有重大影响的第一审民事案件。”家庭财产纠纷的当事人可根据上述规定确定自己的案件由哪一级法院管辖。通常公民家庭财产纠纷向基层法院起诉。

《民事诉讼法》第 22 条规定：“对公民提起的民事诉讼，由被告住所地人民法院管辖；被告住所地与经常居住地不一致的，由经常居住地人民法院管辖。……同一诉讼的几个被告住所地、经常居住地在两个以上人民法院辖区的，各该人民法院都有管辖权。”根据我国《民事诉讼法》的规定，下列民事诉讼，到原告住所地人民法院起诉，原告住所地与经常居住地不一致的，到原告经常居住地人民法院起诉：（1）对不在中国境内居住的人提起的有关身份关系的诉讼。（2）对下落不明或者宣告失踪的人提起的有关身份关系的诉讼。（3）对被劳动教养的人提起的诉讼。（4）对被监禁的人提起的诉讼。由此可见，公民之间发生家庭财产纠纷，除法律另有规定之外，一般应到被告住所地的基层人民法院起诉。

本案古某向弟弟住所地的基层人民法院起诉。法院受理了此案，并圆满地为双方解决了房产纠纷。

60 什么是法律救助措施？

救助措施是指当权利主体在实现权利的过程中受到侵害

时，法律允许权利主体或有关部门采取各种保护权利实现的方法与手段。为了保障权利的实现，法律必须为权利的实现设定保障机制。法律救济措施通常可以分为私力救济与公力救济两种。

（1）私力救济

它是指权利主体自己采取各种合法手段保护自己的利益。但私力救济通常要受到法律严格的限制。只有在来不及采用公力救济的措施时，才可采用私力救济方法。常见的私力救济范围有：正当防卫、紧急避险、自助行为、行使留置权行为等。

（2）公力救济

它是指当合法权利受到侵犯时，权利主体可请求国家机关采取强制措施保护其权利的最终实现。权利主体可以请求司法机关、行政机关予以保护。

61 一方拒不履行法院的判决或裁定应承担什么责任？

对于拒不履行赡养、抚养、扶养义务而遗弃家庭成员的，受害人可向人民法院提起诉讼，要求义务人履行义务，人民法院必须受理并依法作出判决，不得推诿。《民事诉讼法》第97条规定，“人民法院对下列案件，根据当事人的申请，可以裁定先予执行：（一）追索赡养费、抚养费、抚育费、抚恤金、医疗费用的”。据此可以看出，受害人可以在法院作出终局判决之前，为解决生活的急需，依法请求法院裁定义务人履行给付扶养费、抚养费、赡养费的义务。

同时，法院作出以上裁定需要满足以下特定的条件：

（1）双方当事人权利义务关系明确；

（2）申请人有紧急需要；

（3）被申请人有履行能力。

如果受遗弃的家庭成员在生活上并不是急需抚养费、扶养费或赡养费来维持生活的，应当按照民事诉讼法的一般程序，以判决的形式对义务人作出支付抚养费、扶养费、赡养费的裁定。

62 如何理解离婚过错损害赔偿制度？

离婚过错损害赔偿，是指因夫妻一方有重大过错致使婚姻关系破裂，无过错方有权要求过错方赔偿损失的制度。离婚过错损害赔偿是一种权利救济制度，它通过对夫妻中无过错一方被侵害的婚姻权利的救济，从而达到维护婚姻家庭及社会生活秩序的稳定。

根据我国民法原理和《婚姻法》第46条的规定，离婚损害赔偿责任的构成要件有下列几方面：

（1）一方有过错行为

根据《婚姻法》第46条的规定，妨害婚姻家庭关系的过错行为包括：

第一，重婚；

第二，有配偶者与他人同居的；

第三，实施家庭暴力的；

第四，虐待、遗弃家庭成员的。

（2）过错行为导致了离婚的法律后果

就承担赔偿责任而言，过错行为必须导致离婚。缺乏这一结果要件，就无法构成离婚损害赔偿责任。

（3）离婚造成了当事人的损害

如果不存在财产或者人身的损害，就失去了承担损害赔偿责任的前提。损害是指利益的减少、丧失，损害包括财产损害和非财产损害。财产损害即财产损失，分为直接损失和间接损失。一般情况下侵权人不仅应对其造成的直接损失赔偿责任，对间接损失也要承担赔偿责任。非财产损害包括对当事人名誉、尊严、荣誉、姓名、情感等的伤害。

（4）主观存在过错

只有同时满足以上四个条件，行为人才应承担离婚过错损害赔偿责任。

根据最高人民法院的有关司法解释，适用离婚过错损害赔偿制度应注意两个问题：

第一，法院不能主动判决离婚损害赔偿

在实践中，离婚案件无过错方对确实存在过错的另一方是否行使赔偿请求权，由受损害的无过错方自行决定，法院不能主动判决离婚损害赔偿。

第二，离婚损害赔偿的范围

离婚损害赔偿既包括财产损害的赔偿，也包括精神损害的赔偿。具体做法应当是，对于夫妻财产关系为夫妻共同财产的，法院对共同财产应当以照顾女方、子女及无过错方的原则进行分割。在分割完共同财产后，再判决过错方以自己的财产向无过错方赔偿。对于夫妻约定分别财产制的，应当判决过错方以自己的财产向无过错方赔偿，以财产弥补对方所遭受的精神损害或者身体伤害。夫妻双方都有重大过错的，可以过错相抵。

63 离婚时一方隐藏、转移、变卖、毁损财产有何救助措施?

离婚是指夫妻双方通过一定的程序解除婚姻关系。离婚时，在财产分割问题有的夫妻互不相让，甚至采取诸如隐藏、转移、变卖、毁损夫妻共同财产等行为，以达到多得财产的目的、从而损害了另一方的合法利益。为制止这种违法行为，《婚姻法》规定了以下几种处罚办法：

(1) 不分或少分夫妻共同财产

离婚一方当事人若在离婚时实施了隐藏、转移、变卖、毁损夫妻共同财产等违法行为，必然给另一方当事人财产利益造成损害。同时由于实施违法行为者本身行为的违法性，故不仅要在财产分割过程中弥补无过错一方当事人的损失，另外还要采取一定的惩罚性措施，即对实施违法行为者，不分或少分夫妻共同财产。

(2) 民事制裁

隐藏、转移、变卖、毁损夫妻共同财产的行为，是一种破坏民事诉讼程序的行为。根据《民事诉讼法》的规定，可以对实施违法行为的当事人采取民事制裁措施。

人民法院根据情节轻重，可以对当事人予以罚款、拘留，构成犯罪的，应依法追究其刑事责任。其中对当事人罚款为人民币 1000 元以下，对当事人的拘留期限为 15 日。被拘留的人由人民法院交公安机关看管，在拘留期间，被拘留人承认并改正错误后，人民法院可以决定提前解除拘留。

64 对隐藏的夫妻共同财产，另一方离婚后才知道应如何处理？

对隐藏的夫妻共同财产，另一方离婚后才知道，权利受到侵害的一方可以向法院请求再次分割夫妻共同财产。在离婚时常常发生这样的情况，即一方当事人隐藏、转移、变卖、毁损夫妻共同财产，手段较为隐蔽，另一方当事人没有发现或察觉，人民法院在审理案件时，也没有及时掌握情况，致使实施违法行为的一方当事人蒙混过关，逃避了法律对其应有的处罚。但是在离婚之后，又被当事人发觉，为打击和惩罚这种不法行为，维护受害方的合法权益，《婚姻法》第47条第1款规定："离婚后，另一方发现有上述行为的，可以向人民法院提起诉讼，请求再次分割夫妻共同财产。"适用此项规定应注意：

这里所称的离婚既包括诉讼离婚，也包括协议离婚。不论哪种离婚形式，只要一方当事人离婚后发现另一方在离婚时有上述违法行为，均可向人民法院提起诉讼，要求重新分割夫妻共同财产。

65 对有关财产纠纷的判决或裁定如何执行？

执行是人民法院依照法定的程序，采取强制措施，迫使义务人履行法律文书确定的义务的法律行为。由于执行是以强制措施为特征，因此执行又称为强制执行。强制执行有助于维护国家法律的尊严和人民法院审判活动的严肃性，保护公民在财产方面的合法权益。

强制执行涉及婚姻家庭问题的已发生法律效力的判决裁

定，主要包括拒不执行有关扶养费、抚养费、赡养费、财产分割、遗产继承、探望子女等判决或裁定等。

(1) 强制执行的程序的启动

根据《民事诉讼法》的规定，民事强制执行开始有两个原因：根据生效的法律文书，享有权利的一方当事人在对方不履行义务的情况下，向人民法院提出申请，请求人民法院强制执行。

强制执行有两种方式：

第一，申请执行。申请执行应当具备的条件是：一是必须是义务人在法律文书确定的履行期届满后仍没有履行法律规定的义务。二是必须在法律规定的申请执行期间内提出申请，申请执行的期限是 2 年。申请执行的期限从判决、裁定规定履行期限的最后一日起计算。申请执行期限是法定期限，当事人必须严格遵守。三是申请执行一般应采取书面形式，递交申请执行书确有困难的，也可以口头申请，由执行员记入笔录。四是申请执行必须提交执行根据。

第二，移送执行。是指审判人员根据案件的性质，在法律文书生效后，一方当事人拒绝履行义务时，未经当事人申请而依职权主动交给执行人员执行。是否需要移送执行，由审判人员根据案件的具体情况而定。

(2) 强制执行措施

人民法院对动产的执行，根据不同的情况采取不同的措施。

第一，对存款的执行。

《民事诉讼法》第 218 条规定："被执行人未按执行通知履行法律文书确定的义务，人民法院有权向银行、信用合作社和其他有储蓄业务的单位查询被执行人的存款情况，有权冻结、划拨被执行人的存款，但查询、冻结、划拨存款不得超出被执行人应当履行义务的范围。”第2款规定：“人民法院决定冻结、划拨存款，应当作出裁定，并发出协助执行通知书，银行、信用合作社和其他有储蓄业务的单位必须办理。”人民法院决定冻结、划拨被执行人存款时，应当作出裁定，并向有关银行、信用合作社和其他有储蓄业务的单位发出协助执行通知书，说明冻结、划拨存款的理由、数额、时间等。协助人民法院执行冻结、划拨被执行人的存款是有关单位必须履行的义务，不得以任何借口推拖、拒绝。对拒不协助查询、冻结或者划拨存款的，人民法院除责令其履行协助义务外，还可以予以罚款，对单位的主要负责人，或者直接责任人员也可以予以罚款，还可以向监察机关和有关机关提出予以法律处分的建议。

第二，对义务人收入的执行。

《民事诉讼法》第219条第1款规定：“被执行人未按执行通知履行法律文书确定的义务，人民法院有权扣留、提取被执行人应当履行义务部分的收入。但应当保留被执行人及其所扶养家属的生活必需费用。”第2款规定：“人民法院扣留、提取收入时，应当作出裁定，发出协助执行通知书，被执行人所在单位、银行、信用合作社和其他有储蓄业务的单位必须办理。”这里所指义务人的收入。是指他应当获得而未获得的收入。为保证义务人扶养家属的生活必需费用，人民法院在裁定扣留、提取义务人的收入时，应当从实际出发，以免义务人及其家属因被强制执行而生活陷入困难。

第三，对义务人财产、物品、债权的执行。

《民事诉讼法》第220条至第226条对义务人财产、物品、债权的执行，在执行措施和完成措施方面作了规定。义务人未按执行通知履行法律文书确定的义务的，人民法院有权查封、扣押、冻结、拍卖、变卖其相当于应履行数额的财产。

人民法院查封、扣押财产时，应当通知被执行人到场，拒不到场的，不影响执行。被执行人的工作单位或财产所在地的基层组织应当派人参加，对被查封、扣押的财产，执行员必须造具清单，由在场人签名或盖章后，交被执行人一份。

对不动产的执行措施。对不动产的执行，即对有关土地和房屋法律文书的执行。在离婚案件中主要是指对离婚时分割房屋，对一方所有的房屋进行强制执行。在执行中，如果义务人未按照执行通知指定期间履行义务，拒不迁出房屋的，则由执行法院的院长签发公告，责令义务人在指定期间迁出房屋。对于迁出房屋强制执行时，应当通知义务人本人到场。义务人拒不到场，不影响人民法院的执行。义务人的工作单位或者房屋所在地的基层组织应当派人参加。对于强制迁出房屋的执行情况，应当记入笔录，由在场的义务人和参加人签名或盖章。此外，对不动产的执行还包括对车辆、船舶的执行。

（3）有关单位协助执行的责任

协助执行上述判决或裁定，有利于对当事人进行教育，促使其自觉履行义务，从而全面地实现判决和裁定的内容，使权利人的合法要求得到满足。

在婚姻家庭法律关系中，人民法院需要有关单位协助执行的，主要是扶养费、抚养费、赡养费的代扣、代付，以及财产分割、遗产继承的执行。有关单位有义务按照人民法院的通知，协助执行，督促当事人执行人民法院已经发生法律效力的判决或裁定。如果有关单位无故推拖或妨碍执行时，人民法院可根据具体情况，依照《民事诉讼法》的有关规定，追究直接责任者的法律责任。

66 如何处理离婚后才发现另一方转移的财产？

江峰（男）与那玲在单位春节联欢会二重唱，双方合作得十分成功，也悄然萌发了爱慕之情，最终两人结为夫妻。婚后两人感情尚好。后因单位改制，江峰与妻子双双下岗。下岗后夫妻共同开办了一家食品小店。由于双方对市场情况十分了解，因而进货便宜，食品质量也好，生意十分红火。那玲由于心细，精于算账，所以主要负责卖货与管理账目，江峰负责进货。但是，因为生意很忙，双方的感情越来越冷漠。2001 年 12 月那玲提出离婚。并在法院受理案件之初做了准备，将其中收益的 3 万元提前转存其他银行。由于江峰不知此笔款项，所以未对 3 万元主张权利。法院判决双方离婚。2002 年 6 月，江峰听他人讲前妻转存 3 万元之事，但江峰不相信。当江峰找到前妻证实时，那玲并不否认。江峰感到十分气愤，想通过协商要回自己应得部分，但被拒绝。

由于离婚期间夫妻关系处于特殊时期，双方矛盾十分尖锐。因此这一时期一方当事人隐藏、转移、变卖、毁损夫妻共同财产的情况时有发生。由于行为人手段隐蔽，对方难以发现或察觉，人民法院在审理案件时，因各种原因没有及时掌握情况，致使实施违法行为的一方严重侵犯了一方的财产权利。

夫妻共同财产是指夫妻双方在婚姻关系存续期间所得的财产，即从男女双方登记结婚之日起，到夫妻离婚或配偶一方死亡时为止期间内所得财产。对一方实施的侵犯另一方财产权利的行为，离婚之后，当事人发现的，我国法律采取了相应的法律措施。《婚姻法》第 47 条规定，离婚时，一方隐藏、转移、变卖、毁损夫妻共同财产，或伪装债务企图侵占另一方财产的，分割夫妻共同财产时，对隐藏、转移、变卖、毁损夫妻共同财产，或伪装债务的一方，可以少分或不分。离婚后，另一方发现有上述行为的，可以向人民法院提起诉讼，请求再次分割夫妻共同财产。为打击和惩罚这种不法行为，维护受害方的权益，第 47 条同时规定，人民法院对前款规定的妨害民事诉讼的行为，依照《民事诉讼法》的规定予以制裁。最高人民法院《关于适用〈中华人民共和国婚姻法〉若干问题的解释（一）》第 31 条规定，当事人依据《婚姻法》第 47 条规定向人民法院提起诉讼，请求再次分割夫妻共同财产的诉讼时效为两年，从当事人发现之次日起计算。

本案江峰离婚后发现前妻在离婚诉讼过程转存的 3 万元钱，是在双方婚姻关系存续期间共同经营获得的财产，应属夫妻共有财产，而不是那玲的个人财产。离婚时，应按夫妻共同财产分割。因此，尽管法院已作出离婚判决，但江峰仍可依据《婚姻法》第 47 条及最高人民法院的司法解释，在双方协议不成的情况下，向法院提起诉讼，请求对于那玲转存的 3 万元进行再次分割。

67 遭受家庭暴力离婚，是否可以要求离婚损害赔偿？

刘某（女）与杨某经人介绍相识，经过两年的自由恋爱后结婚。婚后杨某不断有外遇，先后与几位女性有婚外性行为。刘某多次劝说无济于事。之后杨某常寻找各种借口打刘某。一天当刘某带着满身伤痕到单位时，同事们十分气愤，劝她告丈夫。但刘某认为女人挨打是常有的事，所以认为自己应忍。当刘某再次被杨某打伤时，刘某忍无可忍，终于提出与杨某离婚，并同时提出离婚损害赔偿。

我国《宪法》规定，公民的人身权不受侵犯。公民的人身权受到侵害后，无论侵害人是家庭成员还是家庭成员之外的人都要承担一定的法律责任。《婚姻法》第3条明确规定："禁止家庭暴力。"最高人民法院《关于适用〈中华人民共和国婚姻法〉若干问题的解释（一）》第1条对家庭暴力的界定为："婚姻法第三条、第三十二条、第四十三条、第四十五条、第四十六条所称的'家庭暴力'，是指行为人以殴打、捆绑、残害、强行限制人身自由或者其他手段，给其家庭成员的身体、精神等方面造成一定伤害后果的行为。"

刘某在遭受家庭暴力后，可以根据《婚姻法》及《刑法》的规定保护自己。具体而言，刘某可以通过下列几种途径获得法律帮助：

（1）可以向公安机关求助；

（2）可请求居委会、村委会及当事人所在单位进行劝阻或调解；

（3）可以向妇联、律师事务所求助，以得到法律上的支持；

（4）可向法院提出离婚。根据《婚姻法》第32条之规定，家庭暴力是引起夫妻感情破裂的原因之一。

（5）因家庭暴力导致离婚的，无过错方有权请求要求离婚损害赔偿。家庭暴力不仅可以要求物质赔偿，亦可要求精神赔偿。

（6）如施暴者的行为构成犯罪，可以依法追究施暴者的刑事责任。

68 《婚姻法》规定了几种法律责任？

《婚姻法》规定了3种法律责任。

（1）民事责任

《婚姻法》第44条第2款规定，对遗弃家庭成员的，受害人提出请求的，人民法院应当依法作出支付抚养费、扶养费、赡养费的判决。《婚姻法》第46条规定，因重婚或有配偶者与他人同居、实施家庭暴力或虐待、遗弃家庭成员而导致离婚的，无过错方有权请求损害赔偿。第47条规定，离婚时，一方隐藏、转移、变卖、毁损夫妻共同财产，或伪造债务企图侵占另一方财产的，分割夫妻共同财产时，对隐藏、转移、变卖、毁损夫妻共同财产，或伪造债务的一方，可以少分或不分。离婚后，另一方发现有上述行为时，可以向人民法院提起诉讼，请求再次分割夫妻共同财产。

（2）行政责任

《婚姻法》第43条规定，实施家庭暴力或虐待家庭成员，受害人提出请求的，公安机关应当依照治安管理处罚的法律规定予以行政处罚。

（3）刑事责任

《婚姻法》第45条规定，对重婚的，对实施家庭暴力或虐待、遗弃家庭成员构成犯罪的，依法追究刑事责任。受害人可以依照《刑事诉讼法》的有关规定，向人民法院自诉；公安机关应当依法侦查，人民检察院应当依法提起公诉。

附 录

★ 中华人民共和国婚姻法 ★

（1980 年 9 月 10 日第五届全国人民代表大会第三次
会议通过　根据 2001 年 4 月 28 日第九届
全国人民代表大会常务委员会第二十一次会议
《关于修改〈中华人民共和国婚姻法〉的决定》修正）

第一章　总　则

第一条　本法是婚姻家庭关系的基本准则。

第二条　实行婚姻自由、一夫一妻、男女平等的婚姻制度。

保护妇女、儿童和老人的合法权益。

实行计划生育。

第三条　禁止包办、买卖婚姻和其他干涉婚姻自由的行为。禁止借婚姻索取财物。

禁止重婚。禁止有配偶者与他人同居。禁止家庭暴力。禁止家庭成员间的虐待和遗弃。

第四条　夫妻应当互相忠实，互相尊重；家庭成员间应当敬老爱幼，互相帮助，维护平等、和睦、文明的婚姻家庭关系。

第二章 结 婚

第五条 结婚必须男女双方完全自愿，不许任何一方对他方加以强迫或任何第三者加以干涉。

第六条 结婚年龄，男不得早于二十二周岁，女不得早于二十周岁。晚婚晚育应予鼓励。

第七条 有下列情形之一的，禁止结婚：

直系血亲和三代以内的旁系血亲；

患有医学上认为不应当结婚的疾病。

第八条 要求结婚的男女双方必须亲自到婚姻登记机关进行结婚登记。符合本法规定的，予以登记，发给结婚证。取得结婚证，即确立夫妻关系。未办理结婚登记的，应当补办登记。

第九条 登记结婚后，根据男女双方约定，女方可以成为男方家庭的成员，男方可以成为女方家庭的成员。

第十条 有下列情形之一的，婚姻无效：

（一）重婚的；

（二）有禁止结婚的亲属关系的；

（三）婚前患有医学上认为不应当结婚的疾病，婚后尚未治愈的；

（四）未到法定婚龄的。

第十一条 因胁迫结婚的，受胁迫的一方可以向婚姻登记机关或人民法院请求撤销该婚姻。受胁迫的一方撤销婚姻的请求，应当自结婚登记之日起一年内提出。被非法限制人身自由的当事人请求撤销婚姻的，应当自恢复人身自由之日起一年内提出。

第十二条 无效或被撤销的婚姻，自始无效。当事人不具有夫妻的权利和义务。同居期间所得的财产，由当事人协议处理；协议不成时，由人民法院根据照顾无过错方的原则判决。对重婚导致的婚姻无效的财产处理，不得侵害合法婚姻当事人的财产权益。当事人所生的子女，适用本法有关父母子女的规定。

第三章　家庭关系

第十三条　夫妻在家庭中地位平等。

第十四条　夫妻双方都有各用自己姓名的权利。

第十五条　夫妻双方都有参加生产、工作、学习和社会活动的自由，一方不得对他方加以限制或干涉。

第十六条　夫妻双方都有实行计划生育的义务。

第十七条　夫妻在婚姻关系存续期间所得的下列财产，归夫妻共同所有：

（一）工资、奖金；

（二）生产、经营的收益；

（三）知识产权的收益；

（四）继承或赠与所得的财产，但本法第十八条第三项规定的除外；

（五）其他应当归共同所有的财产。

夫妻对共同所有的财产，有平等的处理权。

第十八条　有下列情形之一的，为夫妻一方的财产：

（一）一方的婚前财产；

（二）一方因身体受到伤害获得的医疗费、残疾人生活补助费等费用；

（三）遗嘱或赠与合同中确定只归夫或妻一方的财产；

（四）一方专用的生活用品；

（五）其他应当归一方的财产。

第十九条 夫妻可以约定婚姻关系存续期间所得的财产以及婚前财产归各自所有、共同所有或部分各自所有、部分共同所有。约定应当采用书面形式。没有约定或约定不明确的，适用本法第十七条、第十八条的规定。

夫妻对婚姻关系存续期间所得的财产以及婚前财产的约定，对双方具有约束力。

夫妻对婚姻关系存续期间所得的财产约定归各自所有的，夫或妻一方对外所负的债务，第三人知道该约定的，以夫或妻一方所有的财产清偿。

第二十条 夫妻有互相扶养的义务。

一方不履行扶养义务时，需要扶养的一方，有要求对方付给扶养费的权利。

第二十一条 父母对子女有抚养教育的义务；子女对父母有赡养扶助的义务。

父母不履行抚养义务时，未成年的或不能独立生活的子女，有要求父母付给抚养费的权利。

子女不履行赡养义务时，无劳动能力的或生活困难的父母，有要求子女付给赡养费的权利。

禁止溺婴、弃婴和其他残害婴儿的行为。

第二十二条 子女可以随父姓，可以随母姓。

第二十三条 父母有保护和教育未成年子女的权利和义务。在未成年子女对国家、集体或他人造成损害时，父母有承担民事责任的义务。

第二十四条 夫妻有相互继承遗产的权利。

父母和子女有相互继承遗产的权利。

第二十五条 非婚生子女享有与婚生子女同等的权利，任何人不得加以危害和歧视。

不直接抚养非婚生子女的生父或生母，应当负担子女的生活费和教育费，直至子女能独立生活为止。

第二十六条 国家保护合法的收养关系。养父母和养子女间的权利和义务，适用本法对父母子女关系的有关规定。

养子女和生父母间的权利和义务，因收养关系的成立而消除。

第二十七条 继父母与继子女间，不得虐待或歧视。

继父或继母和受其抚养教育的继子女间的权利和义务，适用本法对父母子女关系的有关规定。

第二十八条 有负担能力的祖父母、外祖父母，对于父母已经死亡或父母无力抚养的未成年的孙子女、外孙子女，有抚养的义务。有负担能力的孙子女、外孙子女，对于子女已经死亡或子女无力赡养的祖父母、外祖父母，有赡养的义务。

第二十九条 有负担能力的兄、姐，对于父母已经死亡或父母无力抚养的未成年的弟、妹，有扶养的义务。由兄、姐扶养长大的有负担能力的弟、妹，对于缺乏劳动能力又缺乏生活来源的兄、姐，有扶养的义务。

第三十条 子女应当尊重父母的婚姻权利，不得干涉父母再婚以及婚后的生活。子女对父母的赡养义务，不因父母的婚姻关系变化而终止。

第四章 离　婚

第三十一条 男女双方自愿离婚的，准予离婚。双方必须到婚姻登记机关申请离婚。婚姻登记机关查明双方确实是自愿并对子女和财产问题已有适当处理时，发给离婚证。

第三十二条 男女一方要求离婚的，可由有关部门进行调解或直接向人民法院提出离婚诉讼。

人民法院审理离婚案件，应当进行调解；如感情确已破裂，调解无效，应准予离婚。

有下列情形之一，调解无效的，应准予离婚：

（一）重婚或有配偶者与他人同居的；

（二）实施家庭暴力或虐待、遗弃家庭成员的；

（三）有赌博、吸毒等恶习屡教不改的；

（四）因感情不和分居满二年的；

（五）其他导致夫妻感情破裂的情形。

一方被宣告失踪，另一方提出离婚诉讼的，应准予离婚。

第三十三条 现役军人的配偶要求离婚，须得军人同意，但军人一方有重大过错的除外。

第三十四条 女方在怀孕期间、分娩后一年内或中止妊娠后六个月内，男方不得提出离婚。女方提出离婚的，或人民法院认为确有必要受理男方离婚请求的，不在此限。

第三十五条 离婚后，男女双方自愿恢复夫妻关系的，必须到婚姻登记机关进行复婚登记。

第三十六条 父母与子女间的关系，不因父母离婚而消除。离婚后，子女无论由父或母直接抚养，仍是父母双方的子女。

离婚后，父母对于子女仍有抚养和教育的权利和义务。

离婚后，哺乳期内的子女，以随哺乳的母亲抚养为原则。哺乳期后的子女，如双方因抚养问题发生争执不能达成协议时，由人民法院根据子女的权益和双方的具体情况判决。

第三十七条 离婚后，一方抚养的子女，另一方应负担必要的生活费和教育费的一部分或全部，负担费用的多少和期限的长短，由双方协议；协议不成时，由人民法院判决。

关于子女生活费和教育费的协议或判决，不妨碍子女在必要时向父母任何一方提出超过协议或判决原定数额的合理要求。

第三十八条 离婚后，不直接抚养子女的父或母，有探望子女的权利，另一方有协助的义务。

行使探望权利的方式、时间由当事人协议；协议不成时，由人民法院判决。

父或母探望子女，不利于子女身心健康的，由人民法院依法中止探望的权利；中止的事由消失后，应当恢复探望的权利。

第三十九条 离婚时，夫妻的共同财产由双方协议处理；协议不成时，由人民法院根据财产的具体情况，照顾子女和女方权益的原则判决。

夫或妻在家庭土地承包经营中享有的权益等，应当依法予以保护。

第四十条 夫妻书面约定婚姻关系存续期间所得的财产归各自所有，一方因抚育子女、照料老人、协助另一方工作等付出较多义务的，离婚时有权向另一方请求补偿，另一方应当予以补偿。

第四十一条 离婚时，原为夫妻共同生活所负的债务，应当共同偿还。共同财产不足清偿的，或财产归各自所有的，由双方协议清偿；协议不成时，由人民法院判决。

第四十二条 离婚时，如一方生活困难，另一方应从其住房等个人财产中给予适当帮助。具体办法由双方协议；协议不成时，由人民法院判决。

第五章　救助措施与法律责任

第四十三条　实施家庭暴力或虐待家庭成员，受害人有权提出请求，居民委员会、村民委员会以及所在单位应当予以劝阻、调解。

对正在实施的家庭暴力，受害人有权提出请求，居民委员会、村民委员会应当予以劝阻；公安机关应当予以制止。

实施家庭暴力或虐待家庭成员，受害人提出请求的，公安机关应当依照治安管理处罚的法律规定予以行政处罚。

第四十四条　对遗弃家庭成员，受害人有权提出请求，居民委员会、村民委员会以及所在单位应当予以劝阻、调解。

对遗弃家庭成员，受害人提出请求的，人民法院应当依法作出支付扶养费、抚养费、赡养费的判决。

第四十五条　对重婚的，对实施家庭暴力或虐待、遗弃家庭成员构成犯罪的，依法追究刑事责任。受害人可以依照刑事诉讼法的有关规定，向人民法院自诉；公安机关应当依法侦查，人民检察院应当依法提起公诉。

第四十六条　有下列情形之一，导致离婚的，无过错方有权请求损害赔偿：

（一）重婚的；

（二）有配偶者与他人同居的；

（三）实施家庭暴力的；

（四）虐待、遗弃家庭成员的。

第四十七条　离婚时，一方隐藏、转移、变卖、毁损夫妻共同财产，或伪造债务企图侵占另一方财产的，分割夫妻共同财产时，对隐藏、转移、变卖、毁损夫妻共同财产或伪造债务的一方，可以少分或不分。

离婚后，另一方发现有上述行为的，可以向人民法院提起诉讼，请求再次分割夫妻共同财产。

人民法院对前款规定的妨害民事诉讼的行为，依照民事诉讼法的规定予以制裁。

第四十八条 对拒不执行有关扶养费、抚养费、赡养费、财产分割、遗产继承、探望子女等判决或裁定的，由人民法院依法强制执行。有关个人和单位应负协助执行的责任。

第四十九条 其他法律对有关婚姻家庭的违法行为和法律责任另有规定的，依照其规定。

第六章 附 则

第五十条 民族自治地方的人民代表大会有权结合当地民族婚姻家庭的具体情况，制定变通规定。自治州、自治县制定的变通规定，报省、自治区、直辖市人民代表大会常务委员会批准后生效。自治区制定的变通规定，报全国人民代表大会常务委员会批准后生效。

第五十一条 本法自1981年1月1日起施行。

1950年5月1日颁行的《中华人民共和国婚姻法》，自本法施行之日起废止。

最高人民法院关于适用《中华人民共和国婚姻法》若干问题的解释（一）

（2001年12月24日最高人民法院审判委员会第1202次会议通过）

法释〔2001〕30号

为了正确审理婚姻家庭纠纷案件，根据《中华人民共和国婚姻法》（以下简称婚姻法）、《中华人民共和国民事诉讼法》等法律的规定，对人民法院适用婚姻法的有关问题作出如下解释：

第一条 婚姻法第三条、第三十二条、第四十三条、第四十五条、第四十六条所称的“家庭暴力”，是指行为人以殴打、捆绑、残害、强行限制人身自由或者其他手段，给其家庭成员的身体、精神等方面造成一定伤害后果的行为。持续性、经常性的家庭暴力，构成虐待。

第二条 婚姻法第三条、第三十二条、第四十六条规定的“有配偶者与他人同居”的情形，是指有配偶者与婚外异性，不以夫妻名义，持续、稳定地共同居住。

第三条 当事人仅以婚姻法第四条为依据提起诉讼的，人民法院不予受理；已经受理的，裁定驳回起诉。

第四条 男女双方根据婚姻法第八条规定补办结婚登记的，婚姻关系的效力从双方均符合婚姻法所规定的结婚的实质要件时起算。

第五条 未按婚姻法第八条规定办理结婚登记而以夫妻名义共同生活的男女，起诉到人民法院要求离婚的，应当区别对待：

（一）1994年2月1日民政部《婚姻登记管理条例》公布实施以前，男女双方已经符合结婚实质要件的，按事实婚姻处理。

（二）1994年2月1日民政部《婚姻登记管理条例》公布实施以后，男女双方符合结婚实质要件的，人民法院应当告知其在案件受理前补办结婚登记；未补办结婚登记的，按解除同居关系处理。

第六条 未按婚姻法第八条规定办理结婚登记而以夫妻名义共同生活的男女，一方死亡，另一方以配偶身份主张享有继承权的，按照本解释第五条的原则处理。

第七条 有权依据婚姻法第十条规定向人民法院就已办理结婚登记的婚姻申请宣告婚姻无效的主体，包括婚姻当事人及利害关系人。利害关系人包括：

（一）以重婚为由申请宣告婚姻无效的，为当事人的近亲属及基层组织。

（二）以未到法定婚龄为由申请宣告婚姻无效的，为未达法定婚龄者的近亲属。

（三）以有禁止结婚的亲属关系为由申请宣告婚姻无效的，为当事人的近亲属。

（四）以婚前患有医学上认为不应当结婚的疾病，婚后尚未治愈为由申请宣告婚姻无效的，为与患病者共同生活的近亲属。

第八条 当事人依据婚姻法第十条规定向人民法院申请宣告婚姻无效的，申请时，法定的无效婚姻情形已经消失的，人民法院不予支持。

第九条 人民法院审理宣告婚姻无效案件，对婚姻效力的审理不适用调解,应当依法作出判决;有关婚姻效力的判决一经作出,即发生法律效力。

涉及财产分割和子女抚养的，可以调解。调解达成协议的，另行制作调解书。对财产分割和子女抚养问题的判决不服的，当事人可以上诉。

第十条 婚姻法第十一条所称的“胁迫”，是指行为人以给另一方当事人或者其近亲属的生命、身体健康、名誉、财产等方面造成损害为要挟，迫使另一方当事人违背真实意愿结婚的情况。

因受胁迫而请求撤销婚姻的，只能是受胁迫一方的婚姻关系当事人本人。

第十一条 人民法院审理婚姻当事人因受胁迫而请求撤销婚姻的案件，应当适用简易程序或者普通程序。

第十二条 婚姻法第十一条规定的“一年”，不适用诉讼时效中止、中断或者延长的规定。

第十三条 婚姻法第十二条所规定的自始无效，是指无效或者可撤销婚姻在依法被宣告无效或被撤销时，才确定该婚姻自始不受法律保护。

第十四条 人民法院根据当事人的申请，依法宣告婚姻无效或者撤销婚姻的，应当收缴双方的结婚证书并将生效的判决书寄送当地婚姻登记管理机关。

第十五条 被宣告无效或被撤销的婚姻，当事人同居期间所得的财产，按共同共有处理。但有证据证明为当事人一方所有的除外。

第十六条 人民法院审理重婚导致的无效婚姻案件时，涉及财产处理的，应当准许合法婚姻当事人作为有独立请求权的第三人参加诉讼。

第十七条 婚姻法第十七条关于“夫或妻对夫妻共同所有的财产，有平等的处理权”的规定，应当理解为：

（一）夫或妻在处理夫妻共同财产上的权利是平等的。因日常生活需要而处理夫妻共同财产的，任何一方均有权决定。

（二）夫或妻非因日常生活需要对夫妻共同财产做重要处理决定，夫妻双方应当平等协商，取得一致意见。他人有理由相信其为夫妻双方共同意思表示的，另一方不得以不同意或不知道为由对抗善意第三人。

第十八条 婚姻法第十九条所称“第三人知道该约定的”，夫妻一方对此负有举证责任。

第十九条 婚姻法第十八条规定为夫妻一方的所有的财产，不因婚姻关系的延续而转化为夫妻共同财产。但当事人另有约定的除外。

第二十条 婚姻法第二十一条规定的“不能独立生活的子女”，是指尚在校接受高中及其以下学历教育，或者丧失或未完全丧失劳动能力等非因主观原因而无法维持正常生活的成年子女。

第二十一条 婚姻法第二十一条所称“抚养费”，包括子女生活费、教育费、医疗费等费用。

第二十二条 人民法院审理离婚案件，符合第三十二条第二款规定“应准予离婚”情形的，不应当因当事人有过错而判决不准离婚。

第二十三条 婚姻法第三十三条所称的“军人一方有重大过错”，可以依据婚姻法第三十二条第二款前三项规定及军人有其他重大过错导致夫妻感情破裂的情形予以判断。

第二十四条 人民法院作出的生效的离婚判决中未涉及探望权，当事人就探望权问题单独提起诉讼的，人民法院应予受理。

第二十五条 当事人在履行生效判决、裁定或者调解书的过程中，请求中止行使探望权的，人民法院在征询双方当事人意见后，认为需要中止行使探望权的，依法作出裁定。中止探望的情形消失后，人民法院应当根据当事人的申请通知其恢复探望权的行使。

第二十六条 未成年子女、直接抚养子女的父或母及其他对未成年子女负担抚养、教育义务的法定监护人，有权向人民法院提出中止探望权的请求。

第二十七条 婚姻法第四十二条所称“一方生活困难”，是指依靠个人财产和离婚时分得的财产无法维持当地基本生活水平。

一方离婚后没有住处的，属于生活困难。

离婚时，一方以个人财产中的住房对生活困难者进行帮助的形式，可以是房屋的居住权或者房屋的所有权。

第二十八条 婚姻法第四十六条规定的“损害赔偿”，包括物质损害赔偿和精神损害赔偿。涉及精神损害赔偿的，适用最高人民法院《关于确定民事侵权精神损害赔偿责任若干问题的解释》的有关规定。

第二十九条 承担婚姻法第四十六条规定的损害赔偿责任的

主体，为离婚诉讼当事人中无过错方的配偶。

人民法院判决不准离婚的案件，对于当事人基于婚姻法第四十六条提出的损害赔偿请求，不予支持。

在婚姻关系存续期间，当事人不起诉离婚而单独依据该条规定提起损害赔偿请求的，人民法院不予受理。

第三十条 人民法院受理离婚案件时，应当将婚姻法第四十六条等规定中当事人的有关权利义务，书面告知当事人。在适用婚姻法第四十六条时，应当区分以下不同情况：

（一）符合婚姻法第四十六条规定的无过错方作为原告基于该条规定向人民法院提起损害赔偿请求的，必须在离婚诉讼的同时提出。

（二）符合婚姻法第四十六条规定的无过错方作为被告的离婚诉讼案件，如果被告不同意离婚也不基于该条规定提起损害赔偿请求的，可以在离婚后一年内就此单独提起诉讼。

（三）无过错方作为被告的离婚诉讼案件，一审时被告未基于婚姻法第四十六条规定提出损害赔偿请求，二审期间提出的，人民法院应当进行调解，调解不成的，告知当事人在离婚后一年内另行起诉。

第三十一条 当事人依据婚姻法第四十七条的规定向人民法院提起诉讼，请求再次分割夫妻共同财产的诉讼时效为两年，从当事人发现之次日起计算。

第三十二条 婚姻法第四十八条关于对拒不执行有关探望子女等判决和裁定的，由人民法院依法强制执行的规定，是指对拒不履行协助另一方行使探望权的有关个人和单位采取拘留、罚款等强制措施，不能对子女的人身、探望行为进行强制执行。

第三十三条 婚姻法修改后正在审理的一、二审婚姻家庭纠纷案件，一律适用修改后的婚姻法。此前最高人民法院作出的相关司法解释如与本解释相抵触，以本解释为准。

第三十四条 本解释自公布之日起施行。

★ 最高人民法院关于适用《中华人民共和国婚姻法》若干问题的解释（二）★

（2003年12月4日最高人民法院审判委员会第1299次会议通过 法释〔2003〕19号）

为正确审理婚姻家庭纠纷案件，根据《中华人民共和国婚姻法》（以下简称婚姻法）、《中华人民共和国民事诉讼法》等相关法律规定，对人民法院适用婚姻法的有关问题作出如下解释：

第一条 当事人起诉请求解除同居关系的，人民法院不予受理。但当事人请求解除的同居关系，属于婚姻法第三条、第三十二条、第四十六条规定的“有配偶者与他人同居”的，人民法院应当受理并依法予以解除。

当事人因同居期间财产分割或者子女抚养纠纷提起诉讼的，人民法院应当受理。

第二条 人民法院受理申请宣告婚姻无效案件后，经审查确属无效婚姻的，应当依法作出宣告婚姻无效的判决。原告申请撤诉的，不予准许。

第三条 人民法院受理离婚案件后，经审查确属无效婚姻的，应当将婚姻无效的情形告知当事人，并依法作出宣告婚姻无效的判决。

第四条 人民法院审理无效婚姻案件，涉及财产分割和子女

抚养的，应当对婚姻效力的认定和其他纠纷的处理分别制作裁判文书。

第五条 夫妻一方或者双方死亡后一年内，生存一方或者利害关系人依据婚姻法第十条的规定申请宣告婚姻无效的，人民法院应当受理。

第六条 利害关系人依据婚姻法第十条的规定，申请人民法院宣告婚姻无效的，利害关系人为申请人，婚姻关系当事人双方为被申请人。

夫妻一方死亡的，生存一方为被申请人。

夫妻双方均已死亡的，不列被申请人。

第七条 人民法院就同一婚姻关系分别受理了离婚和申请宣告婚姻无效案件的，对于离婚案件的审理，应当待申请宣告婚姻无效案件作出判决后进行。

前款所指的婚姻关系被宣告无效后，涉及财产分割和子女抚养的，应当继续审理。

第八条 离婚协议中关于财产分割的条款或者当事人因离婚就财产分割达成的协议，对男女双方具有法律约束力。

当事人因履行上述财产分割协议发生纠纷提起诉讼的，人民法院应当受理。

第九条 男女双方协议离婚后一年内就财产分割问题反悔，请求变更或者撤销财产分割协议的，人民法院应当受理。

人民法院审理后，未发现订立财产分割协议时存在欺诈、胁迫等情形的，应当依法驳回当事人的诉讼请求。

第十条 当事人请求返还按照习俗给付的彩礼的，如果查明属于以下情形，人民法院应当予以支持：

（一）双方未办理结婚登记手续的；

（二）双方办理结婚登记手续但确未共同生活的；

（三）婚前给付并导致给付人生活困难的。

适用前款第（二）、（三）项的规定，应当以双方离婚为条件。

第十一条 婚姻关系存续期间，下列财产属于婚姻法第十七条规定的“其他应当归共同所有的财产”：

（一）一方以个人财产投资取得的收益；

（二）男女双方实际取得或者应当取得的住房补贴、住房公积金；

（三）男女双方实际取得或者应当取得的养老保险金、破产安置补偿费。

第十二条 婚姻法第十七条第三项规定的“知识产权的收益”，是指婚姻关系存续期间，实际取得或者已经明确可以取得的财产性收益。

第十三条 军人的伤亡保险金、伤残补助金、医药生活补助费属于个人财产。

第十四条 人民法院审理离婚案件，涉及分割发放到军人名下的复员费、自主择业费等一次性费用的，以夫妻婚姻关系存续年限乘以年平均值，所得数额为夫妻共同财产。

前款所称年平均值，是指将发放到军人名下的上述费用总额按具体年限均分得出的数额。其具体年限为人均寿命七十岁与军人入伍时实际年龄的差额。

第十五条 夫妻双方分割共同财产中的股票、债券、投资基金份额等有价证券以及未上市股份有限公司股份时，协商不成或者按市价分配有困难的，人民法院可以根据数量按比例分配。

第十六条 人民法院审理离婚案件，涉及分割夫妻共同财产中以一方名义在有限责任公司的出资额，另一方不是该公司股东的，按以下情形分别处理：

（一）夫妻双方协商一致将出资额部分或者全部转让给该股东的配偶，过半数股东同意、其他股东明确表示放弃优先购买权的，该股东的配偶可以成为该公司股东；

（二）夫妻双方就出资额转让份额和转让价格等事项协商一致后，过半数股东不同意转让，但愿意以同等价格购买该出资额的，人民法院可以对转让出资所得财产进行分割。过半数股东不同意转让，也不愿意以同等价格购买该出资额的，视为其同意转让，该股东的配偶可以成为该公司股东。

用于证明前款规定的过半数股东同意的证据，可以是股东会决议，也可以是当事人通过其他合法途径取得的股东的书面声明材料。

第十七条 人民法院审理离婚案件，涉及分割夫妻共同财产中以一方名义在合伙企业中的出资，另一方不是该企业合伙人的，当夫妻双方协商一致，将其合伙企业中的财产份额全部或者部分转让给对方时，按以下情形分别处理：

（一）其他合伙人一致同意的，该配偶依法取得合伙人地位；

（二）其他合伙人不同意转让，在同等条件下行使优先受让权的，可以对转让所得的财产进行分割；

（三）其他合伙人不同意转让，也不行使优先受让权，但同意该合伙人退伙或者退还部分财产份额的，可以对退还的财产进行分割；

（四）其他合伙人既不同意转让，也不行使优先受让权，又不同意该合伙人退伙或者退还部分财产份额的，视为全体合伙人同意转让，该配偶依法取得合伙人地位。

第十八条 夫妻以一方名义投资设立独资企业的，人民法院分割夫妻在该独资企业中的共同财产时，应当按照以下情形分别处理：

（一）一方主张经营该企业的，对企业资产进行评估后，由取得企业一方给予另一方相应的补偿；

（二）双方均主张经营该企业的，在双方竞价基础上，由取得企业的一方给予另一方相应的补偿；

（三）双方均不愿意经营该企业的，按照《中华人民共和国个人独资企业法》等有关规定办理。

第十九条 由一方婚前承租、婚后用共同财产购买的房屋，房屋权属证书登记在一方名下的，应当认定为夫妻共同财产。

第二十条 双方对夫妻共同财产中的房屋价值及归属无法达成协议时，人民法院按以下情形分别处理：

（一）双方均主张房屋所有权并且同意竞价取得的，应当准许；

（二）一方主张房屋所有权的，由评估机构按市场价格对房屋作出评估，取得房屋所有权的一方应当给予另一方相应的补偿；

（三）双方均不主张房屋所有权的，根据当事人的申请拍卖房屋，就所得价款进行分割。

第二十一条 离婚时双方对尚未取得所有权或者尚未取得完全所有权的房屋有争议且协商不成的，人民法院不宜判决房屋所有权的归属，应当根据实际情况判决由当事人使用。

当事人就前款规定的房屋取得完全所有权后，有争议的，可以另行向人民法院提起诉讼。

第二十二条 当事人结婚前，父母为双方购置房屋出资的，该出资应当认定为对自己子女的个人赠与，但父母明确表示赠与双方的除外。

当事人结婚后，父母为双方购置房屋出资的，该出资应当认定为对夫妻双方的赠与，但父母明确表示赠与一方的除外。

第二十三条 债权人就一方婚前所负个人债务向债务人的配偶主张权利的，人民法院不予支持。但债权人能够证明所负债务用于婚后家庭共同生活的除外。

第二十四条 债权人就婚姻关系存续期间夫妻一方以个人名义所负债务主张权利的，应当按夫妻共同债务处理。但夫妻一方能够证明债权人与债务人明确约定为个人债务，或者能够证明属于婚姻法第十九条第三款规定情形的除外。

第二十五条 当事人的离婚协议或者人民法院的判决书、裁定书、调解书已经对夫妻财产分割问题作出处理的，债权人仍有权就夫妻共同债务向男女双方主张权利。

一方就共同债务承担连带清偿责任后，基于离婚协议或者人民法院的法律文书向另一方主张追偿的，人民法院应当支持。

第二十六条 夫或妻一方死亡的，生存一方应当对婚姻关系存续期间的共同债务承担连带清偿责任。

第二十七条 当事人在婚姻登记机关办理离婚登记手续后，以婚姻法第四十六条规定为由向人民法院提出损害赔偿请求的，人民法院应当受理。但当事人在协议离婚时已经明确表示放弃该项请求，或者在办理离婚登记手续一年后提出的，不予支持。

第二十八条 夫妻一方申请对配偶的个人财产或者夫妻共同财产采取保全措施的，人民法院可以在采取保全措施可能造成损失的范围内，根据实际情况，确定合理的财产担保数额。

第二十九条 本解释自2004年4月1日起施行。

本解释施行后，人民法院新受理的一审婚姻家庭纠纷案件，适用本解释。

本解释施行后，此前最高人民法院作出的相关司法解释与本解释相抵触的，以本解释为准。

★ 中华人民共和国民法通则（节录） ★

（一九八六年四月十二日第六届全国人民代表大会第四次会议通过）

第二章 公民（自然人）

第十一条 十八周岁以上的公民是成年人，具有完全民事行为能力，可以独立进行民事活动，是完全民事行为能力人。

十六周岁以上不满十八周岁的公民，以自己的劳动收入为主要生活来源的，视为完全民事行为能力人。

第十二条 十周岁以上的未成年人是限制民事行为能力人，可以进行与他的年龄、智力相适应的民事活动；其他民事活动由他的法定代理人代理，或者征得他的法定代理人的同意。

不满十周岁的未成年人是无民事行为能力人，由他的法定代理人代理民事活动。

第十三条 不能辨认自己行为的精神病人是无民事行为能力人，由他的法定代理人代理民事活动。

不能完全辨认自己行为的精神病人是限制民事行为能力人，可以进行与他的精神健康状况相适应的民事活动；其他民事活动由他的法定代理人代理，或者征得他的法定代理人的同意。

第十六条 未成年人的父母是未成年人的监护人。

未成年人的父母已经死亡或者没有监护能力的，由下列人员中有监护能力的人担任监护人：

（一）祖父母、外祖父母；

（二）兄、姐；

（三）关系密切的其他亲属、朋友愿意承担监护责任，经未成年人的父、母的所在单位或者未成年人住所地的居民委员会、村民委员会同意的。

对担任监护人有争议的，由未成年人的父、母的所在单位或者未成年人住所地的居民委员会、村民委员会在近亲属中指定。对指定不服提起诉讼的，由人民法院裁决。

没有第一款、第二款规定的监护人的，由未成年人的父、母的所在单位或者未成年人住所地的居民委员会、村民委员会或者民政部门担任监护人。

第十七条 无民事行为能力或者限制民事行为能力的精神病人，由下列人员担任监护人：

（一）配偶；

（二）父母；

（三）成年子女；

（四）其他近亲属；

（五）关系密切的其他亲属、朋友愿意承担监护责任，经精神病人的所在单位或者住所地的居民委员会、村民委员会同意的。

对担任监护人有争议的，由精神病人的所在单位或者住所地的居民委员会、村民委员会在近亲属中指定。对指定不服提起诉讼的，由人民法院裁决。

没有第一款规定的监护人的，由精神病人的所在单位或者住所地的居民委员会、村民委员会或者民政部门担任监护人。

第十八条 监护人应当履行监护职责，保护被监护人的人身、财产及其他合法权益，除为被监护人的利益外，不得处理被监护人的财产。

监护人依法履行监护的权利，受法律保护。

监护人不履行监护职责或者侵害被监护人的合法权益的，应当承担责任；给被监护人造成财产损失的，应当赔偿损失。人民法院可以根据有关人员或者有关单位的申请，撤销监护人的资格。

第十九条 精神病人的利害关系人，可以向人民法院申请宣告精神病人为无民事行为能力人或者限制民事行为能力人。

被人民法院宣告为无民事行为能力人或者限制民事行为能力人的，根据他健康恢复的状况，经本人或者利害关系人申请，人民法院可以宣告他为限制民事行为能力人或者完全民事行为能力人。

第二十条 公民下落不明满二年的，利害关系人可以向人民法院申请宣告他为失踪人。

战争期间下落不明的，下落不明的时间从战争结束之日起计算。

第二十一条 失踪人的财产由他的配偶、父母、成年子女或者关系密切的其他亲属、朋友代管。代管有争议的，没有以上规定的人或者以上规定的人无能力代管的，由人民法院指定的人代管。

失踪人所欠税款、债务和应付的其他费用，由代管人从失踪人的财产中支付。

第二十二条 被宣告失踪的人重新出现或者确知他的下落，经本人或者利害关系人申请，人民法院应当撤销对他的失踪宣告。

第二十三条 公民有下列情形之一的，利害关系人可以向人民法院申请宣告他死亡：

（一）下落不明满四年的；

（二）因意外事故下落不明，从事故发生之日起满二年的。

战争期间下落不明的，下落不明的时间从战争结束之日起计算。

第二十四条 被宣告死亡的人重新出现或者确知他没有死亡，经本人或者利害关系人申请，人民法院应当撤销对他的死亡宣告。

有民事行为能力人在被宣告死亡期间实施的民事法律行为有效。

第二十五条 被撤销死亡宣告的人有权请求返还财产。依照继承法取得他的财产的公民或者组织，应当返还原物；原物不存在的，给予适当补偿。

第四章 民事法律行为

第五十五条 民事法律行为应当具备下列条件：

（一）行为人具有相应的民事行为能力；

（二）意思表示真实；

（三）不违反法律或者社会公共利益。

第五十六条 民事法律行为可以采取书面形式、口头形式或者其他形式。法律规定是特定形式的，应当依照法律规定。

第五十七条 民事法律行为从成立时起具有法律约束力。行为人非依法律规定或者取得对方同意，不得擅自变更或者解除。

第五十八条 下列民事行为无效：

（一）无民事行为能力人实施的；

（二）限制民事行为能力人依法不能独立实施的；

（三）一方以欺诈、胁迫的手段或者乘人之危，使对方在违背真实意思的情况下所为的；

（四）恶意串通，损害国家、集体或者第三人利益的；

（五）违反法律或者社会公共利益的；

（六）经济合同违反国家指令性计划的；

（七）以合法形式掩盖非法目的的。

无效的民事行为，从行为开始起就没有法律约束力。

第五十九条 下列民事行为，一方有权请求人民法院或者仲裁机关予以变更或者撤销：

（一）行为人对行为内容有重大误解的；

（二）显失公平的。

被撤销的民事行为从行为开始起无效。

第六十一条 民事行为被确认为无效或者被撤销后，当事人因该行为取得的财产，应当返还给受损失的一方。有过错的一方应当赔偿对方因此所受的损失，对方都有过错的，应当各自承担相应的责任。

双方恶意串通，实施民事行为损害国家的、集体的或者第三人的利益的，应当追缴双方取得的财产，收归国家、集体所有或者返还第三人。

第五章　民事权利

第七十一条 财产所有权是指所有人依法对自己的财产享有占有、使用、收益和处分的权利。

第七十二条 财产所有权的取得，不得违反法律规定。

按照合同或者其他合法方式取得财产的，财产所有权从财产交付时起转移，法律另有规定或者当事人另有约定的除外。

第七十五条 公民的个人财产，包括公民的合法收入、房屋、储蓄、生活用品、文物、图书资料、林木、牲畜和法律允许公民所有的生产资料以及其他合法财产。

公民的合法财产受法律保护，禁止任何组织或者个人侵占、哄抢、破坏或者非法查封、扣押、冻结、没收。

第七十六条 公民依法享有财产继承权。

第七十八条 财产可以由两个以上的公民、法人共有。

共有分为按份共有和共同共有。按份共有人按照各自的份额，对共有财产分享权利，分担义务。共同共有人对共有财产享有权利，承担义务。

按份共有财产的每个共有人有权要求将自己的份额分出或者转让。但在出售时，其他共有人在同等条件下，有优先购买的权利。

第八十条 国家所有的土地，可以依法由全民所有制单位使用，也可以依法确定由集体所有制单位使用，国家保护它的使用、收益的权利；使用单位有管理、保护、合理利用的义务。

公民、集体依法对集体所有的或者国家所有由集体使用的土地的承包经营权，受法律保护。承包双方的权利和义务，依照法律由承包合同规定。

土地不得买卖、出租、抵押或者以其他形式非法转让。

第九十四条 公民、法人享有著作权（版权），依法有署名、发表、出版、获得报酬等权利。

第一百零三条 公民享有婚姻自主权，禁止买卖、包办婚姻和其他干涉婚姻自由的行为。

第六章 民事责任

第一百零六条 公民、法人违反合同或者不履行其他义务的，应当承担民事责任。

公民、法人由于过错侵害国家的、集体的财产，侵害他人财产、人身的，应当承担民事责任。

没有过错，但法律规定应当承担民事责任的，应当承担民事责任。

第一百零九条 因防止、制止国家的、集体的财产或者他人的财产、人身遭受侵害而使自己受到损害的，由侵害人承担赔偿责任，受益人也可以给予适当的补偿。

第一百一十条 对承担民事责任的公民、法人需要追究行政责任的，应当追究行政责任；构成犯罪的，对公民、法人的法定代表人应当依法追究刑事责任。

第一百一十七条 侵占国家的、集体的财产或者他人财产的，应当返还财产，不能返还财产的，应当折价赔偿。

损坏国家的、集体的财产或者他人财产的，应当恢复原状或者折价赔偿。

受害人因此遭受其他重大损失的，侵害人应当赔偿损失。

第一百一十九条 侵害公民身体造成伤害的，应当赔偿医疗费、因误工减少的收入、残废者生活补助费等费用；造成死亡的，并应当支付丧葬费、死者生前扶养的人必要的生活费等费用。

第一百三十三条 无民事行为能力人、限制民事行为能力人造成他人损害的，由监护人承担民事责任。监护人尽了监护责任的，可以适当减轻他的民事责任。

有财产的无民事行为能力人、限制民事行为能力人造成他人损害的，从本人财产中支付赔偿费用。不足部分，由监护人适当赔偿，但单位担任监护人的除外。

第一百三十四条 承担民事责任的方式主要有：

（一）停止侵害；

（二）排除妨碍；

（三）消除危险；

（四）返还财产；

（五）恢复原状；

（六）修理、重作、更换；

（七）赔偿损失；

（八）支付违约金；

（九）消除影响、恢复名誉；

（十）赔礼道歉。

以上承担民事责任的方式，可以单独适用，也可以合并适用。

人民法院审理民事案件，除适用上述规定外，还可以予以训诫、责令具结悔过、收缴进行非法活动的财物和非法所得，并可以依照法律规定处以罚款、拘留。

第七章 诉讼时效

第一百三十五条 向人民法院请求保护民事权利的诉讼时效期间为二年，法律另有规定的除外。

第一百三十七条 诉讼时效期间从知道或者应当知道权利被侵害时起计算。但是，从权利被侵害之日起超过二十年的，人民法院不予保护。有特殊情况的，人民法院可以延长诉讼时效期间。

第一百三十八条 超过诉讼时效期间，当事人自愿履行的，不受诉讼时效限制。

第一百三十九条 在诉讼时效期间的最后六个月内，因不可抗力或者其他障碍不能行使请求权的，诉讼时效中止。从中止时效的原因消除之日起，诉讼时效期间继续计算。

第一百四十条 诉讼时效因提起诉讼、当事人一方提出要求或者同意履行义务而中断。从中断时起，诉讼时效期间重新计算。

第八章 涉外民事关系的法律适用

第一百四十四条 不动产的所有权，适用不动产所在地法律。

第一百四十七条 中华人民共和国公民和外国人结婚适用婚姻缔结地法律，离婚适用受理案件的法院所在地法律。

第一百四十八条 扶养适用与被扶养人有最密切联系的国家的法律。

第一百四十九条 遗产的法定继承，动产适用被继承人死亡时住所地法律，不动产适用不动产所在地法律。

最高人民法院关于人民法院审理离婚案件处理子女抚养问题的若干具体意见

法发〔1993〕30号

人民法院审理离婚案件，对子女抚养问题，应当依照《中华人民共和国婚姻法》第二十九条、第三十条及有关法律规定，从有利于子女身心健康，保障子女的合法权益出发，结合父母双方的抚养能力和抚养条件等具体情况妥善解决。根据上述原则，结合审判实践，提出如下具体意见：

1. 两周岁以下的子女，一般随母方生活。母方有下列情形之一的，可随父方生活：

（1）患有久治不愈的传染性疾病或其他严重疾病，子女不宜与其共同生活的；

（2）有抚养条件不尽抚养义务，而父方要求子女随其生活的；

（3）因其他原因，子女确无法随母方生活的。

2. 父母双方协议两周岁以下子女随父方生活，并对子女健康成长无不利影响的，可予准许。

3. 对两周岁以上未成年的子女，父方和母方均要求随其生活，一方有下列情形之一的，可予优先考虑：

（1）已做绝育手术或因其他原因丧失生育能力的；

（2）子女随其生活时间较长，改变生活环境对子女健康成长明显不利的；

（3）无其他子女，而另一方有其他子女的；

（4）子女随其生活，对子女成长有利，而另一方患有久治不愈的传染性疾病或其他严重疾病，或者有其他不利于子女身心健康的情形，不宜与子女共同生活的。

4. 父方与母方抚养子女的条件基本相同，双方均要求子女与其共同生活，但子女单独随祖父母或外祖父母共同生活多年，且祖父母或外祖父母要求并且有能力帮助子女照顾孙子女或外孙子女的，可作为子女随父或母生活的优先条件予以考虑。

5. 父母双方对十周岁以上的未成年子女随父或随母生活发生争执的，应考虑该子女的意见。

6. 在有利于保护子女利益的前提下，父母双方协议轮流抚养子女的，可予准许。

7. 子女抚育费的数额，可根据子女的实际需要、父母双方的负担能力和当地的实际生活水平确定。

有固定收入的，抚育费一般可按其月总收入的百分之二十至三十的比例给付。负担两个以上子女抚育费的，比例可适当提高，但一般不得超过月总收入的百分之五十。

无固定收入的，抚育费的数额可依据当年总收入或同行业平均收入，参照上述比例确定。

有特殊情况的，可适当提高或降低上述比例。

8. 抚育费应定期给付，有条件的可一次性给付。

9. 对一方无经济收入或者下落不明的，可用其财物折抵子女抚育费。

10. 父母双方可以协议子女随一方生活并由抚养方负担子

女全部抚育费。但经查实，抚养方的抚养能力明显不能保障子女所需费用，影响子女健康成长的，不予准许。

11. 抚育费的给付期限，一般至子女十八周岁为止。

十六周岁以上不满十八周岁，以其劳动收入为主要生活来源，并能维持当地一般生活水平的，父母可停止给付抚育费。

12. 尚未独立生活的成年子女有下列情形之一，父母又有给付能力的，仍应负担必要的抚育费：

（1）丧失劳动能力或虽未完全丧失劳动能力，但其收入不足以维持生活的；

（2）尚在校就读的；

（3）确无独立生活能力和条件的。

13. 生父与继母或生母与继父离婚时，对曾受其抚养教育的继子女，继父或继母不同意继续抚养的，仍应由生父母抚养。

14.《中华人民共和国收养法》施行前，夫或妻一方收养的子女，对方未表示反对，并与该子女形成事实收养关系的，离婚后，应由双方负担子女的抚育费；夫或妻一方收养的子女，对方始终反对的，离婚后，应由收养方抚养该子女。

15. 离婚后，一方要求变更子女抚养关系的，或者子女要求增加抚育费的，应另行起诉。

16. 一方要求变更子女抚养关系有下列情形之一的，应予支持。

（1）与子女共同生活的一方因患严重疾病或因伤残无力继续抚养子女的；

（2）与子女共同生活的一方不尽抚养义务或有虐待子女行为，或其与子女共同生活对子女身心健康确有不利影响的；

（3）十周岁以上未成年子女，愿随另一方生活，该方又有抚养能力的；

（4）有其他正当理由需要变更的。

17. 父母双方协议变更子女抚养关系的，应予准许。

18. 子女要求增加抚育费有下列情形之一，父或母有给付能力的，应予支持。

（1）原定抚育费数额不足以维持当地实际生活水平的；

（2）因子女患病、上学，实际需要已超过原定数额的；

（3）有其他正当理由应当增加的。

19. 父母不得因子女变更姓氏而拒付子女抚育费。

20. 在离婚诉讼期间，双方均拒绝抚养子女的，可先行裁定暂由一方抚养。

21. 对拒不履行或妨害他人履行生效判决、裁定、调解中有关子女抚养义务的当事人或者其他人，人民法院可依照《中华人民共和国民事诉讼法》第一百零二条的规定采取强制措施。

★最高人民法院关于人民法院审理离婚案件处理财产分割问题的若干具体意见★

法发〔1993〕32号

人民法院审理离婚案件对夫妻共同财产的处理，应当依照《中华人民共和国婚姻法》、《中华人民共和国妇女权益保障法》及有关法律规定，分清个人财产、夫妻共同财产和家庭共同财产，坚持男女平等，保护妇女、儿童的合法权益，照顾无过错方，尊重当事人意愿，有利生产、方便生活的原则，合情合理地予以解决。根据上述原则，结合审判实践，提出如下具体意见：

1. 夫妻双方对财产归谁所有以书面形式约定的，或以口头形式约定，双方无争议的，离婚时应按约定处理。但规避法律的约定无效。

2. 夫妻双方在婚姻关系存续期间所得的财产，为夫妻共同财产，包括：

（1）一方或双方劳动所得的收入和购置的财产；

（2）一方或双方继承、受赠的财产；

（3）一方或双方由知识产权取得的经济利益；

（4）一方或双方从事承包、租赁等生产、经营活动的收益；

（5）一方或双方取得的债权；

（6）一方或双方的其他合法所得。

3. 在婚姻关系存续期间，复员、转业军人所得的复员费、转业费，结婚时间10年以上的，应按夫妻共同财产进行分割。复员军人从部队带回的医药补助费和回乡生产补助费，应归本人所有。

4. 夫妻分居两地分别管理、使用的婚后所得财产，应认定为夫妻共同财产。在分割财产时，各自分别管理、使用的财产归各自所有。双方所分财产相差悬殊的，差额部分，由多得财产的一方以与差额相当的财产抵偿另一方。

5. 已登记结婚，尚未共同生活，一方或双方受赠的礼金、礼物应认定为夫妻共同财产，具体处理时应考虑财产来源、数量等情况合理分割。各自出资购置、各自使用的财物，原则上归各自所有。

6. 一方婚前个人所有的财产，婚后由双方共同使用、经营、管理的，房屋和其他价值较大的生产资料经过8年，贵重的生活资料经过4年，可视为夫妻共同财产。

7. 对个人财产还是夫妻共同财产难以确定的，主张权利的一方有责任举证。当事人举不出有力证据，人民法院又无法查实的，按夫妻共同财产处理。

8. 夫妻共同财产，原则上均等分割。根据生产、生活的实际需要和财产的来源等情况，具体处理时也可以有所差别。属于个人专用的物品，一般归个人所有。

9. 一方以夫妻共同财产与他人合伙经营的，入伙的财产可分给一方所有，分得入伙财产的一方对另一方应给予相当于入伙财产一半价值的补偿。

10. 属于夫妻共同财产的生产资料，可分给有经营条件和能力的一方。分得该生产资料的一方对另一方应给予相当于该财产一半价值的补偿。

11. 对夫妻共同经营的当年无收益的养殖、种植业等，离婚时应从有利于发展生产、有利于经营管理考虑，予以合理分割或折价处理。

12. 婚后 8 年内双方对婚前一方所有的房屋进行过修缮、装修、原拆原建，离婚时未变更产权的，房屋仍归产权人所有，增值部分中属于另一方应得的份额，由房屋所有权人折价补偿另一方；进行过扩建的；扩建部分的房屋应按夫妻共同财产处理。

13. 对不宜分割使用的夫妻共有的房屋，应根据双方住房情况和照顾抚养子女方或无过错方等原则分给一方所有。分得房屋的一方对另一方应给予相当于该房屋一半价值的补偿。在双方条件等同的情况下，应照顾女方。

14. 婚姻存续期间居住的房屋属于一方所有，另一方以离婚后无房居住为由，要求暂住的，经查实可据情予以支持，但一般不超过两年。

无房一方租房居住经济上确有困难的，享有房屋产权的一方可给予一次性经济帮助。

15. 离婚时一方尚未取得经济利益的知识产权，归一方所有。在分割夫妻共同财产时，可根据具体情况，对另一方予以适当的照顾。

16. 婚前个人财产在婚后共同生活中自然毁损、消耗、灭失，离婚时一方要求以夫妻共同财产抵偿的，不予支持。

17. 夫妻为共同生活或为履行抚养、赡养义务等所负债务，应认定为夫妻共同债务，离婚时应当以夫妻共同财产清偿。

下列债务不能认定为夫妻共同债务，应由一方以个人财产清偿：

（1）夫妻双方约定由个人负担的债务，但以逃避债务为目的的除外。

（2）一方未经对方同意，擅自资助与其没有抚养义务的亲朋所负的债务。

（3）一方未经对方同意，独自筹资从事经营活动，其收入确未用于共同生活所负的债务。

（4）其他应由个人承担的债务。

18. 婚前一方借款购置的房屋等财物已转化为夫妻共同财产的，为购置财物借款所负债务，视为夫妻共同债务。

19. 借婚姻关系索取的财物，离婚时，如结婚时间不长，或者因索要财物造成对方生活困难的，可酌情返还。

对取得财物的性质是索取还是赠与难以认定的，可按赠与处理。

20. 离婚时夫妻共同财产未从家庭共同财产中析出，一方要求析产的，可先就离婚和已查清的财产问题进行处理，对一时确实难以查清的财产的分割问题可告知当事人另案处理；或者中止离婚诉讼，待析产案件审结后再恢复离婚诉讼。

21. 一方将夫妻共同财产非法隐藏、转移拒不交出的，或非法变卖、毁损的，分割财产时，对隐藏、转移、变卖、毁损财产的一方，应予以少分或不分。具体处理时，应把隐藏、转移、变卖、毁损的财产作为隐藏、转移、变卖、毁损财产的一方分得的财产份额对另一方的应得的份额应以其他夫妻共同财产折抵，不足折抵的，差额部分由隐藏、转移、变卖、毁损财产的一方折价补偿对方。

对非法隐藏、转移、变卖、毁损夫妻共同财产的一方，人民法院可依照。《中华人民共和国民事诉讼法》第一百零二条的规定进行处理。

22. 属于事实婚姻的，其财产分割适用本意见。

属于非法同居的，其财产分割按最高人民法院《关于人民法院审理未办结婚登记而以夫妻名义同居生活案件的若干意见》的有关规定处理。

★ 最高人民法院关于审理离婚案件中公房使用、承租若干问题的解答 ★

法发〔1996〕4 号

人民法院审理离婚案件对公房使用、承租问题应当依照《中华人民共和国民法通则》、《中华人民共和国婚姻法》、《中华人民共和国妇女权益保障法》和其他有关法律规定，坚持男女平等和保护妇女、儿童合法权益等原则，考虑双方的经济收入，实事求是，合情合理地予以解决。现将审判实践中提出的一些问题，根据有关法律的规定，解答如下：

一、问：在离婚案件中，当事人对公房的使用、承租问题发生争议，人民法院可否予以处理？

答：在离婚案件中，当事人对公房的使用、承租问题发生争议，自行协商不成，或者经当事人双方单位或有关部门调解不成的，人民法院应根据案件的具体情况，依法予以妥善处理。

二、问：夫妻共同居住的公房，在什么情况下，离婚后双方均可承租？

答：夫妻共同居住的公房，具有下列情形之一的，离婚后，双方均可承租：

（一）婚前由一方承租的公房，婚姻关系存续 5 年以上的；

（二）婚前一方承租的本单位的房屋，离婚时，双方均为本单位职工的；

（三）一方婚前借款投资建房取得的公房承租权，婚后夫妻共同偿还借款的；

（四）婚后一方或双方申请取得公房承租权的；

（五）婚前一方承租的公房，婚后因该承祖房屋拆迁而取得房屋承租权的；

（六）夫妻双方单位投资联建或联合购置的共有房屋的；

（七）一方将其承租的本单位的房屋，交回本单位或交给另一方单位后，另一方单位另给调换房屋的；

（八）婚前双方均租有公房，婚后合并调换房屋的；

（九）其他应当认定为夫妻双方均可承租的情形。

三、问：对夫妻双方均可承租的公房，应依照什么原则处理？

答：对夫妻双方均可承租的公房，应依照下列原则予以处理：

（一）照顾抚养子女的一方；

（二）男女双方在同等条件下，照顾女方；

（三）照顾残疾或生活困难的一方；

（四）照顾无过错一方。

四、问：对夫妻双方均可承租的公房而由一方承租的，承租方对另一方是否给予经济补偿？

答：对夫妻双方均可承租的公房而由一方承租的，承租方对另一方可给予适当的经济补偿。

五、问：夫妻双方均可承租的公房能够隔开分室居住使用的，可否由双方分别租住？

答：夫妻双方均可承租的公房，如其面积较大能够隔开分室居住使用的，可由双方分别租住；对可以另调房屋分别租住或承租方给另一方解决住房的，可予准许。

六、问：离婚时，一方对另一方婚前承租的公房无权承租的，可否暂时居住？

答：离婚时，一方对另一方婚前承租的公房无权承租而解决住房确有困难的，人民法院可调解或判决其暂时居住，暂住期限一般不超过两年。暂住期间，暂住方应交纳与房屋租金等额的使用费及其他必要的费用。

七、问：离婚时，一方对另一方婚前承租的公房无权承租而另行租房经济上确有困难的，如何处理？

答：离婚时，一方对另一方婚前承租的公房无权承租，另行租房经济上确有困难的，如承租公房一方有负担能力，应给予一次性经济帮助。

八、问：在调整和变更单位自管房屋租赁关系时，是否需征得自管房单位的同意？

答：人民法院在调整和变更单位自管房屋（包括单位委托房地产管理部门代管的房屋）的租赁关系时，应征求自管房单位的意见。经调解或判决变更房屋租赁关系的，承租人应依照有关规定办理房屋变更登记手续。

九、问：对夫妻双方共同出资而取得“部分产权”的房屋，应如何处理？

答：对夫妻共同出资而取得“部分产权”的房屋，人民法院可参照上述有关解答，予以妥善处理。分得房屋“部分产权”的一方，一般应按所得房屋产权的比例，依照离婚时当地政府有关部门公布的同类住房标准价，给予对方一半价值的补偿。

十、问：对夫妻双方均争房屋“部分产权”的，可否采取竞价方式解决？

答：对夫妻双方均争房屋“部分产权”的，如双方同意或者双方经济、住房条件基本相同，可采取竞价方式解决。

中华人民共和国老年人权益保障法（节录）

（1996年8月29日第八届全国人民代表大会常务委员会第二十一次会议通过）

第二章 家庭赡养与扶养

第十条 老年人养老主要依靠家庭，家庭成员应当关心和照料老年人。

第十一条 赡养人应当履行对老年人经济上供养、生活上照料和精神上慰藉的义务，照顾老年人的特殊需要。

赡养人是指老年人的子女以及其他依法负有赡养义务的人。

赡养人的配偶应当协助赡养人履行赡养义务。

第十二条 赡养人对患病的老年人应当提供医疗费用和护理。

第十三条 赡养人应当妥善安排老年人的住房，不得强迫老年人迁居条件低劣的房屋。

老年人自有的或者承租的住房，子女或者其他亲属不得侵占，不得擅自改变产权关系或者租赁关系。

老年人自有的住房，赡养人有维修的义务。

第十四条 赡养人有义务耕种老年人承包的田地，照管老年人的林木和牲畜等，收益归老年人所有。

第十五条 赡养人不得以放弃继承权或者其他理由，拒绝履行赡养义务。

赡养人不履行赡养义务，老年人有要求赡养人付给赡养费的权利。

赡养人不得要求老年人承担力不能及的劳动。

第十六条 老年人与配偶有相互扶养的义务。

由兄、姊扶养的弟、妹成年后，有负担能力的，对年老无赡养人的兄、姊有扶养的义务。

第十七条 赡养人之间可以就履行赡养义务签订协议，并征得老年人同意。居民委员会、村民委员会或者赡养人所在组织监督协议的履行。

第十八条 老年人的婚姻自由受法律保护。子女或者其他亲属不得干涉老年人离婚、再婚及婚后的生活。

赡养人的赡养义务不因老年人的婚姻关系变化而消除。

第十九条 老年人有权依法处分个人的财产，子女或者其他亲属不得干涉，不得强行索取老年人的财物。

老年人有依法继承父母、配偶、子女或者其他亲属遗产的权利，有接受赠与的权利。

第五章 法律责任

第四十三条 老年人合法权益受到侵害的，被侵害人或者其代理人有权要求有关部门处理，或者依法向人民法院提起诉讼。

人民法院和有关部门，对侵犯老年人合法权益的申诉、控告和检举，应当依法及时受理，不得推诿、拖延。

第四十五条 老年人与家庭成员因赡养、扶养或者住房、财产发生纠纷，可以要求家庭成员所在组织或者居民委员会、村民委员会调解，也可以直接向人民法院提起诉讼。

调解前款纠纷时,对有过错的家庭成员,应当给予批评教育,责令改正。

人民法院对老年人追索赡养费或者扶养费的申请，可以依法裁定先予执行。

第四十六条 以暴力或者其他方法公然侮辱老年人、捏造事实诽谤老年人或者虐待老年人，情节较轻的，依照治安管理处罚条例的有关规定处罚；构成犯罪的，依法追究刑事责任。

第四十七条 暴力干涉老年人婚姻自由或者对老年人负有赡养义务、扶养义务而拒绝赡养、扶养，情节严重构成犯罪的，依法追究刑事责任。

第四十八条 家庭成员有盗窃、诈骗、抢夺、勒索、故意毁坏老年人财物，情节较轻的，依照治安管理处罚条例的有关规定处罚；构成犯罪的，依法追究刑事责任。

★中华人民共和国妇女权益保障法（节录）★

（1992年4月3日第七届全国人民代表大会第五次会议通过，2005年8月28日第十届全国人民代表大会常务委员会第十七次会议《关于修改〈中华人民共和国妇女权益保障法〉的决定》修正）

第五章 财产权益

第三十条 国家保障妇女享有与男子平等的财产权利。

第三十一条 在婚姻、家庭共有财产关系中，不得侵害妇女依法享有的权益。

第三十二条 妇女在农村土地承包经营、集体经济组织收益分配、土地征收或者征用补偿费使用以及宅基地使用等方面，享有与男子平等的权利。

第三十三条 任何组织和个人不得以妇女未婚、结婚、离婚、丧偶等为由，侵害妇女在农村集体经济组织中的各项权益。

因结婚男方到女方住所落户的，男方和子女享有与所在地农村集体经济组织成员平等的权益。

第三十四条 妇女享有的与男子平等的财产继承权受法律保护。在同一顺序法定继承人中，不得歧视妇女。

丧偶妇女有权处分继承的财产，任何人不得干涉。

第三十五条 丧偶妇女对公、婆尽了主要赡养义务的，作为公、婆的第一顺序法定继承人，其继承权不受子女代位继承的影响。

第七章　婚姻家庭权益

第四十三条　国家保障妇女享有与男子平等的婚姻家庭权利。

第四十四条　国家保护妇女的婚姻自主权。禁止干涉妇女的结婚、离婚自由。

第四十五条　女方在怀孕期间、分娩后一年内或者终止妊娠后六个月内，男方不得提出离婚。女方提出离婚的，或者人民法院认为确有必要受理男方离婚请求的，不在此限。

第四十六条　禁止对妇女实施家庭暴力。

国家采取措施，预防和制止家庭暴力。

公安、民政、司法行政等部门以及城乡基层群众性自治组织、社会团体，应当在各自的职责范围内预防和制止家庭暴力，依法为受害妇女提供救助。

第四十七条　妇女对依照法律规定的夫妻共同财产享有与其配偶平等的占有、使用、收益和处分的权利，不受双方收入状况的影响。

夫妻书面约定婚姻关系存续期间所得的财产归各自所有，女方因抚育子女、照料老人、协助男方工作等承担较多义务的，有权在离婚时要求男方予以补偿。

第四十八条　夫妻共有的房屋，离婚时，分割住房由双方协议解决；协议不成的，由人民法院根据双方的具体情况，按照照顾子女和女方权益的原则判决。夫妻双方另有约定的除外。

夫妻共同租用的房屋，离婚时，女方的住房应当按照照顾子女和女方权益的原则解决。

第四十九条 父母双方对未成年子女享有平等的监护权。

父亲死亡、丧失行为能力或者有其他情形不能担任未成年子女的监护人的，母亲的监护权任何人不得干涉。

第五十条 离婚时，女方因实施绝育手术或者其他原因丧失生育能力的，处理子女抚养问题，应在有利子女权益的条件下，照顾女方的合理要求。

第五十一条 妇女有按照国家有关规定生育子女的权利，也有不生育的自由。

育龄夫妻双方按照国家有关规定计划生育，有关部门应当提供安全、有效的避孕药具和技术，保障实施节育手术的妇女的健康和安全。

国家实行婚前保健、孕产期保健制度，发展母婴保健事业。各级人民政府应当采取措施，保障妇女享有计划生育技术服务，提高妇女的生殖健康水平。

第八章　法律责任

第五十二条 妇女的合法权益受到侵害的，有权要求有关部门依法处理，或者依法向仲裁机构申请仲裁，或者向人民法院起诉。

对有经济困难需要法律援助或者司法救助的妇女，当地法律援助机构或者人民法院应当给予帮助，依法为其提供法律援助或者司法救助。

第五十三条 妇女的合法权益受到侵害的，可以向妇女组织投诉，妇女组织应当维护被侵害妇女的合法权益，有权要求并协助有关部门或者单位查处。有关部门或者单位应当依法查处，并予以答复。

第五十四条 妇女组织对于受害妇女进行诉讼需要帮助的，应当给予支持。

妇女联合会或者相关妇女组织对侵害特定妇女群体利益的行为，可以通过大众传播媒介揭露、批评，并有权要求有关部门依法查处。

第五十五条 违反本法规定，以妇女未婚、结婚、离婚、丧偶等为由，侵害妇女在农村集体经济组织中的各项权益的，或者因结婚男方到女方住所落户，侵害男方和子女享有与所在地农村集体经济组织成员平等权益的，由乡镇人民政府依法调解；受害人也可以依法向农村土地承包仲裁机构申请仲裁，或者向人民法院起诉，人民法院应当依法受理。

第五十六条 违反本法规定，侵害妇女的合法权益，其他法律、法规规定行政处罚的，从其规定；造成财产损失或者其他损害的，依法承担民事责任；构成犯罪的，依法追究刑事责任。

第五十七条 违反本法规定，对侵害妇女权益的申诉、控告、检举，推诿、拖延、压制不予查处，或者对提出申诉、控告、检举的人进行打击报复的，由其所在单位、主管部门或者上级机关责令改正，并依法对直接负责的主管人员和其他直接责任人员给予行政处分。

国家机关及其工作人员未依法履行职责，对侵害妇女权益的行为未及时制止或者未给予受害妇女必要帮助，造成严重后果的，由其所在单位或者上级机关依法对直接负责的主管人员和其他直接责任人员给予行政处分。

违反本法规定，侵害妇女文化教育权益、劳动和社会保障权益、人身和财产权益以及婚姻家庭权益的，由其所在单位、主管部门或者上级机关责令改正，直接负责的主管人员和其他直接责任人员属于国家工作人员的，由其所在单位或者上级机关依法给予行政处分。

第五十八条 违反本法规定，对妇女实施性骚扰或者家庭暴力，构成违反治安管理行为的，受害人可以提请公安机关对违法行为人依法给予行政处罚，也可以依法向人民法院提起民事诉讼。

第五十九条 违反本法规定，通过大众传播媒介或者其他方式贬低损害妇女人格的，由文化、广播电影电视、新闻出版或者其他有关部门依据各自的职权责令改正，并依法给予行政处罚。

★ 中华人民共和国未成年人保护法（节录） ★

（1991 年 9 月 4 日第七届全国人民代表大会常务委员会第二十一次会议通过 2006 年 12 月 29 日第十届全国人民代表大会常务委员会第二十五次会议修订 自 2007 年 6 月 1 日起施行）

第二章 家庭保护

第十条 父母或者其他监护人应当创造良好、和睦的家庭环境，依法履行对未成年人的监护职责和抚养义务。

禁止对未成年人实施家庭暴力，禁止虐待、遗弃未成年人，禁止溺婴和其他残害婴儿的行为，不得歧视女性未成年人或者有残疾的未成年人。

第十一条 父母或者其他监护人应当关注未成年人的生理、心理状况和行为习惯，以健康的思想、良好的品行和适当的方法教育和影响未成年人，引导未成年人进行有益身心健康的活动，预防和制止未成年人吸烟、酗酒、流浪、沉迷网络以及赌博、吸毒、卖淫等行为。

第十二条 父母或者其他监护人应当学习家庭教育知识，正确履行监护职责，抚养教育未成年人。

有关国家机关和社会组织应当为未成年人的父母或者其他监护人提供家庭教育指导。

第十四条 父母或者其他监护人应当根据未成年人的年龄和

智力发展状况，在作出与未成年人权益有关的决定时告知其本人，并听取他们的意见。

第十五条 父母或者其他监护人不得允许或者迫使未成年人结婚，不得为未成年人订立婚约。

第十六条 父母因外出务工或者其他原因不能履行对未成年人监护职责的，应当委托有监护能力的其他成年人代为监护。

第五章 司法保护

第五十二条 人民法院审理继承案件，应当依法保护未成年人的继承权和受遗赠权。

人民法院审理离婚案件，涉及未成年子女抚养问题的，应当听取有表达意愿能力的未成年子女的意见，根据保障子女权益的原则和双方具体情况依法处理。

第六章 法律责任

第六十条 违反本法规定，侵害未成年人的合法权益，其他法律、法规已规定行政处罚的，从其规定；造成人身财产损失或者其他损害的，依法承担民事责任；构成犯罪的，依法追究刑事责任。

第六十一条 国家机关及其工作人员不依法履行保护未成年人合法权益的责任，或者侵害未成年人合法权益，或者对提出申诉、控告、检举的人进行打击报复的，由其所在单位或者上级机关责令改正，对直接负责的主管人员和其他直接责任人员依法给予行政处分。

第六十二条 父母或者其他监护人不依法履行监护职责，或者侵害未成年人合法权益的，由其所在单位或者居民委员会、村民委员会予以劝诫、制止；构成违反治安管理行为的，由公安机关依法给予行政处罚。

第六十三条 学校、幼儿园、托儿所侵害未成年人合法权益的，由教育行政部门或者其他有关部门责令改正；情节严重的，对直接负责的主管人员和其他直接责任人员依法给予处分。

学校、幼儿园、托儿所教职员工对未成年人实施体罚、变相体罚或者其他侮辱人格行为的，由其所在单位或者上级机关责令改正；情节严重的，依法给予处分。

★中华人民共和国农村土地承包法（节录）★

（2002年8月29日第九届全国人民代表大会常务委员会第二十九次会议通过）

第一章 总 则

第一条 为稳定和完善以家庭承包经营为基础、统分结合的双层经营体制，赋予农民长期而有保障的土地使用权，维护农村土地承包当事人的合法权益，促进农业、农村经济发展和农村社会稳定，根据宪法，制定本法。

第二条 本法所称农村土地，是指农民集体所有和国家所有依法由农民集体使用的耕地、林地、草地，以及其他依法用于农业的土地。

第三条 国家实行农村土地承包经营制度。

农村土地承包采取农村集体经济组织内部的家庭承包方式，不宜采取家庭承包方式的荒山、荒沟、荒丘、荒滩等农村土地，可以采取招标、拍卖、公开协商等方式承包。

第四条 国家依法保护农村土地承包关系的长期稳定。

农村土地承包后，土地的所有权性质不变。承包地不得买卖。

第六条 农村土地承包，妇女与男子享有平等的权利。承包中应当保护妇女的合法权益，任何组织和个人不得剥夺、侵害妇女应当享有的土地承包经营权。

第十条 国家保护承包方依法、自愿、有偿地进行土地承包经营权流转。

第二章 家庭承包

第一节 发包方和承包方的权利和义务

第十二条 农民集体所有的土地依法属于村农民集体所有的，由村集体经济组织或者村民委员会发包；已经分别属于村内两个以上农村集体经济组织的农民集体所有的，由村内各该农村集体经济组织或者村民小组发包。村集体经济组织或者村民委员会发包的，不得改变村内各集体经济组织农民集体所有的土地的所有权。

国家所有依法由农民集体使用的农村土地，由使用该土地的农村集体经济组织、村民委员会或者村民小组发包。

第十三条 发包方享有下列权利：

（一）发包本集体所有的或者国家所有依法由本集体使用的农村土地；

（二）监督承包方依照承包合同约定的用途合理利用和保护土地；

（三）制止承包方损害承包地和农业资源的行为；

（四）法律、行政法规规定的其他权利。

第十四条 发包方承担下列义务：

（一）维护承包方的土地承包经营权，不得非法变更、解除承包合同；

（二）尊重承包方的生产经营自主权，不得干涉承包方依法进行正常的生产经营活动；

（三）依照承包合同约定为承包方提供生产、技术、信息等服务；

（四）执行县、乡（镇）土地利用总体规划，组织本集体经济组织内的农业基础设施建设；

（五）法律、行政法规规定的其他义务。

第十五条 家庭承包的承包方是本集体经济组织的农户。

第十六条 承包方享有下列权利：

（一）依法享有承包地使用、收益和土地承包经营权流转的权利，有权自主组织生产经营和处置产品；

（二）承包地被依法征用、占用的，有权依法获得相应的补偿；

（三）法律、行政法规规定的其他权利。

第十七条 承包方承担下列义务：

（一）维持土地的农业用途，不得用于非农建设；

（二）依法保护和合理利用土地，不得给土地造成永久性损害；

（三）法律、行政法规规定的其他义务。

第二节　承包的原则和程序

第十八条 土地承包应当遵循以下原则：

（一）按照规定统一组织承包时，本集体经济组织成员依法平等地行使承包土地的权利，也可以自愿放弃承包土地的权利；

（二）民主协商，公平合理；

（三）承包方案应当按照本法第十二条的规定，依法经本集体经济组织成员的村民会议三分之二以上成员或者三分之二以上村民代表的同意；

（四）承包程序合法。

第十九条 土地承包应当按照以下程序进行：

（一）本集体经济组织成员的村民会议选举产生承包工作小组；

（二）承包工作小组依照法律、法规的规定拟订并公布承包方案；

（三）依法召开本集体经济组织成员的村民会议，讨论通过承包方案；

（四）公开组织实施承包方案；

（五）签订承包合同。

第三节 承包期限和承包合同

第二十条 耕地的承包期为三十年。草地的承包期为三十年至五十年。林地的承包期为三十年至七十年；特殊林木的林地承包期，经国务院林业行政主管部门批准可以延长。

第二十一条 发包方应当与承包方签订书面承包合同。

承包合同一般包括以下条款：

（一）发包方、承包方的名称，发包方负责人和承包方代表的姓名、住所；

（二）承包土地的名称、坐落、面积、质量等级；

（三）承包期限和起止日期；

（四）承包土地的用途；

（五）发包方和承包方的权利和义务；

（六）违约责任。

第二十二条 承包合同自成立之日起生效。承包方自承包合同生效时取得土地承包经营权。

第二十三条 县级以上地方人民政府应当向承包方颁发土地承包经营权证或者林权证等证书，并登记造册，确认土地承包经营权。

颁发土地承包经营权证或者林权证等证书，除按规定收取证书工本费外，不得收取其他费用。

第二十四条 承包合同生效后，发包方不得因承办人或者负责人的变动而变更或者解除，也不得因集体经济组织的分立或者合并而变更或者解除。

第二十五条 国家机关及其工作人员不得利用职权干涉农村土地承包或者变更、解除承包合同。

第四节 土地承包经营权的保护

第二十六条 承包期内，发包方不得收回承包地。

承包期内，承包方全家迁入小城镇落户的，应当按照承包方的意愿，保留其土地承包经营权或者允许其依法进行土地承包经营权流转。

承包期内，承包方全家迁入设区的市，转为非农业户口的，应当将承包的耕地和草地交回发包方。承包方不交回的，发包方可以收回承包的耕地和草地。

承包期内，承包方交回承包地或者发包方依法收回承包地时，承包方对其在承包地上投入而提高土地生产能力的，有权获得相应的补偿。

第二十七条 承包期内，发包方不得调整承包地。

承包期内，因自然灾害严重毁损承包地等特殊情形对个别农户之间承包的耕地和草地需要适当调整的，必须经本集体经济组织成员的村民会议三分之二以上成员或者三分之二以上村民代表的同意，并报乡（镇）人民政府和县级人民政府农业等行政主管部门批准。承包合同中约定不得调整的，按照其约定。

第二十八条 下列土地应当用于调整承包土地或者承包给新增人口：

（一）集体经济组织依法预留的机动地；

（二）通过依法开垦等方式增加的；

（三）承包方依法、自愿交回的。

第二十九条 承包期内，承包方可以自愿将承包地交回发包方。承包方自愿交回承包地的，应当提前半年以书面形式通知发包方。承包方在承包期内交回承包地的，在承包期内不得再要求承包土地。

第三十条 承包期内，妇女结婚，在新居住地未取得承包地的，发包方不得收回其原承包地；妇女离婚或者丧偶，仍在原居住地生活或者不在原居住地生活但在新居住地未取得承包地的，发包方不得收回其原承包地。

第三十一条 承包人应得的承包收益，依照继承法的规定继承。

林地承包的承包人死亡，其继承人可以在承包期内继续承包。

第五节 土地承包经营权的流转

第三十二条 通过家庭承包取得的土地承包经营权可以依法采取转包、出租、互换、转让或者其他方式流转。

第三十三条 土地承包经营权流转应当遵循以下原则：

（一）平等协商、自愿、有偿，任何组织和个人不得强迫或者阻碍承包方进行土地承包经营权流转；

（二）不得改变土地所有权的性质和土地的农业用途；

（三）流转的期限不得超过承包期的剩余期限；

（四）受让方须有农业经营能力；

（五）在同等条件下，本集体经济组织成员享有优先权。

第三十四条 土地承包经营权流转的主体是承包方。承包方有权依法自主决定土地承包经营权是否流转和流转的方式。

第三十五条 承包期内，发包方不得单方面解除承包合同，不得假借少数服从多数强迫承包方放弃或者变更土地承包经营权，不得以划分“口粮田”和“责任田”等为由收回承包地搞招标承包，不得将承包地收回抵顶欠款。

第三十六条 土地承包经营权流转的转包费、租金、转让费等，应当由当事人双方协商确定。流转的收益归承包方所有，任何组织和个人不得擅自截留、扣缴。

第三十七条 土地承包经营权采取转包、出租、互换、转让或者其他方式流转，当事人双方应当签订书面合同。采取转让方式流转的，应当经发包方同意；采取转包、出租、互换或者其他方式流转的，应当报发包方备案。

土地承包经营权流转合同一般包括以下条款：

（一）双方当事人的姓名、住所；

（二）流转土地的名称、坐落、面积、质量等级；

（三）流转的期限和起止日期；

（四）流转土地的用途；

（五）双方当事人的权利和义务；

（六）流转价款及支付方式；

（七）违约责任。

第三十八条 土地承包经营权采取互换、转让方式流转，当事人要求登记的，应当向县级以上地方人民政府申请登记。未经登记，不得对抗善意第三人。

第三十九条 承包方可以在一定期限内将部分或者全部土地承包经营权转包或者出租给第三方，承包方与发包方的承包关系不变。

承包方将土地交由他人代耕不超过一年的，可以不签订书面合同。

第四十条 承包方之间为方便耕种或者各自需要，可以对属于同一集体经济组织的土地承包经营权进行互换。

第四十一条 承包方有稳定的非农职业或者有稳定的收入来源的，经发包方同意，可以将全部或者部分土地承包经营权转让给其他从事农业生产经营的农户，由该农户同发包方确立新的承包关系，原承包方与发包方在该土地上的承包关系即行终止。

第四十二条 承包方之间为发展农业经济，可以自愿联合将土地承包经营权入股，从事农业合作生产。

第四十三条 承包方对其在承包地上投入而提高土地生产能力的，土地承包经营权依法流转时有权获得相应的补偿。

第四章 争议的解决和法律责任

第五十一条 因土地承包经营发生纠纷的，双方当事人可以通过协商解决，也可以请求村民委员会、乡（镇）人民政府等调解解决。

当事人不愿协商、调解或者协商、调解不成的，可以向农村土地承包仲裁机构申请仲裁，也可以直接向人民法院起诉。

第五十二条 当事人对农村土地承包仲裁机构的仲裁裁决不服的，可以在收到裁决书之日起三十日内向人民法院起诉。逾期不起诉的，裁决书即发生法律效力。

第五十三条 任何组织和个人侵害承包方的土地承包经营权的，应当承担民事责任。

第五十四条 发包方有下列行为之一的，应当承担停止侵害、返还原物、恢复原状、排除妨害、消除危险、赔偿损失等民事责任：

（一）干涉承包方依法享有的生产经营自主权；

（二）违反本法规定收回、调整承包地；

（三）强迫或者阻碍承包方进行土地承包经营权流转；

（四）假借少数服从多数强迫承包方放弃或者变更土地承包经营权而进行土地承包经营权流转；

（五）以划分"口粮田"和"责任田"等为由收回承包地搞招标承包；

（六）将承包地收回抵顶欠款；

（七）剥夺、侵害妇女依法享有的土地承包经营权；

（八）其他侵害土地承包经营权的行为。

第五十五条 承包合同中违背承包方意愿或者违反法律、行政法规有关不得收回、调整承包地等强制性规定的约定无效。

第五十六条 当事人一方不履行合同义务或者履行义务不符合约定的，应当依照《中华人民共和国合同法》的规定承担违约责任。

第五十七条 任何组织和个人强迫承包方进行土地承包经营权流转的，该流转无效。

第五十八条 任何组织和个人擅自截留、扣缴土地承包经营权流转收益的，应当退还。

第五十九条 违反土地管理法规，非法征用、占用土地或者贪污、挪用土地征用补偿费用，构成犯罪的，依法追究刑事责任；造成他人损害的，应当承担损害赔偿等责任。

第六十条 承包方违法将承包地用于非农建设的，由县级以上地方人民政府有关行政主管部门依法予以处罚。

承包方给承包地造成永久性损害的，发包方有权制止，并有权要求承包方赔偿由此造成的损失。

第六十一条 国家机关及其工作人员有利用职权干涉农村土地承包，变更、解除承包合同，干涉承包方依法享有的生产经营自主权，或者强迫、阻碍承包方进行土地承包经营权流转等侵害土地承包经营权的行为，给承包方造成损失的，应当承担损害赔偿等责任；情节严重的，由上级机关或者所在单位给予直接责任人员行政处分；构成犯罪的，依法追究刑事责任。

第五章 附 则

第六十二条 本法实施前已经按照国家有关农村土地承包的规定承包，包括承包期限长于本法规定的，本法实施后继续有效，不得重新承包土地。未向承包方颁发土地承包经营权证或者林权证等证书的，应当补发证书。

第六十三条 本法实施前已经预留机动地的，机动地面积不得超过本集体经济组织耕地总面积的百分之五。不足百分之五的，不得再增加机动地。

本法实施前未留机动地的，本法实施后不得再留机动地。

第六十四条 各省、自治区、直辖市人民代表大会常务委员会可以根据本法，结合本行政区域的实际情况，制定实施办法。

第六十五条 本法自2003年3月1日起施行。

★ 中华人民共和国继承法 ★

（一九八五年四月十日第六届全国人民代表大会
第三次会议通过 一九八五年四月十日
中华人民共和国主席令第二十四号公布
一九八五年十月一日起施行）

目 录

第一章 总 则

第一条 根据《中华人民共和国宪法》规定，为保护公民的私有财产的继承权，制定本法。

第二条 继承从被继承人死亡时开始。

第三条 遗产是公民死亡时遗留的个人合法财产，包括：

（一）公民的收入；

（二）公民的房屋、储蓄和生活用品；

（三）公民的林木、牲畜和家禽；

（四）公民的文物、图书资料；

（五）法律允许公民所有的生产资料；

（六）公民的著作权、专利权中的财产权利；

（七）公民的其他合法财产。

第四条 个人承包应得的个人收益，依照本法规定继承。个人承包，依照法律允许由继承人继续承包的，按照承包合同办理。

第五条 继承开始后，按照法定继承办理；有遗嘱的，按照遗嘱继承或者遗赠办理；有遗赠扶养协议的，按照协议办理。

第六条 无行为能力人的继承权、受遗赠权，由他的法定代理人代为行使。

限制行为能力人的继承权、受遗赠权，由他的法定代理人代为行使，或者征得法定代理人同意后行使。

第七条 继承人有下列行为之一的，丧失继承权：

（一）故意杀害被继承人的；

（二）为争夺遗产而杀害其他继承人的；

（三）遗弃被继承人的，或者虐待被继承人情节严重的；

（四）伪造、篡改或者销毁遗嘱，情节严重的。

第八条 继承权纠纷提起诉讼的期限为二年，自继承人知道或者应当知道其权利被侵犯之日起计算。但是，自继承开始之日起超过二十年的，不得再提起诉讼。

第二章 法定继承

第九条 继承权男女平等。

第十条 遗产按照下列顺序继承：

第一顺序：配偶、子女、父母。

第二顺序：兄弟姐妹、祖父母、外祖父母。

继承开始后，由第一顺序继承人继承，第二顺序继承人不继承。没有第一顺序继承人继承的，由第二顺序继承人继承。

本法所说的子女，包括婚生子女、非婚生子女、养子女和有扶养关系的继子女。

本法所说的父母，包括生父母、养父母和有扶养关系的继父母。

本法所说的兄弟姐妹，包括同父母的兄弟姐妹、同父异母或者同母异父的兄弟姐妹、养兄弟姐妹、有扶养关系的继兄弟姐妹。

第十一条 被继承人的子女先于被继承人死亡的，由被继承人的子女的晚辈直系血亲代位继承。代位继承人一般只能继承他的父亲或者母亲有权继承的遗产份额。

第十二条 丧偶儿媳对公、婆，丧偶女婿对岳父、岳母，尽了主要赡养义务的，作为第一顺序继承人。

第十三条 同一顺序继承人继承遗产的份额，一般应当均等。

对生活有特殊困难的缺乏劳动能力的继承人，分配遗产时，应当予以照顾。

对被继承人尽了主要扶养义务或者与被继承人共同生活的继承人，分配遗产时，可以多分。

有扶养能力和有扶养条件的继承人，不尽扶养义务的，分配遗产时，应当不分或者少分。

继承人协商同意的，也可以不均等。

第十四条 对继承人以外的依靠被继承人扶养的缺乏劳动能力又没有生活来源的人，或者继承人以外的对被继承人扶养较多的人，可以分配给他们适当的遗产。

第十五条 继承人应当本着互谅互让、和睦团结的精神，协商处理继承问题。遗产分割的时间、办法和份额，由继承人协商确定。协商不成的，可以由人民调解委员会调解或者向人民法院提起诉讼。

第三章　遗嘱继承和遗赠

第十六条　公民可以依照本法规定立遗嘱处分个人财产，并可以指定遗嘱执行人。

公民可以立遗嘱将个人财产指定由法定继承人的一人或者数人继承。

公民可以立遗嘱将个人财产赠给国家、集体或者法定继承人以外的人。

第十七条　公证遗嘱由遗嘱人经公证机关办理。

自书遗嘱由遗嘱人亲笔书写，签名，注明年、月、日。

代书遗嘱应当有两个以上见证人在场见证，由其中一人代书，注明年、月、日，并由代书人、其他见证人和遗嘱人签名。

以录音形式立的遗嘱，应当有两个以上见证人在场见证。

遗嘱人在危急情况下，可以立口头遗嘱。口头遗嘱应当有两个以上见证人在场见证。危急情况解除后，遗嘱人能够用书面或者录音形式立遗嘱的，所立的口头遗嘱无效。

第十八条　下列人员不能作为遗嘱见证人：

（一）无行为能力人、限制行为能力人；

（二）继承人、受遗赠人；

（三）与继承人、受遗赠人有利害关系的人。

第十九条　遗嘱应当对缺乏劳动能力又没有生活来源的继承人保留必要的遗产份额。

第二十条　遗嘱人可以撤销、变更自己所立的遗嘱。

立有数份遗嘱，内容相抵触的，以最后的遗嘱为准。

自书、代书、录音、口头遗嘱，不得撤销、变更公证遗嘱。

第二十一条 遗嘱继承或者遗赠附有义务的，继承人或者受遗赠人应当履行义务。

没有正当理由不履行义务的，经有关单位或者个人请求，人民法院可以取消他接受遗产的权利。

第二十二条 无行为能力人或者限制行为能力人所立的遗嘱无效。

遗嘱必须表示遗嘱人的真实意思，受胁迫、欺骗所立的遗嘱无效。伪造的遗嘱无效。

遗嘱被篡改的，篡改的内容无效。

第四章 遗产的处理

第二十三条 继承开始后，知道被继承人死亡的继承人应当及时通知其他继承人和遗嘱执行人。继承人中无人知道被继承人死亡或者知道被继承人死亡而不能通知的，由被继承人生前所在单位或者住所地的居民委员会、村民委员会负责通知。

第二十四条 存有遗产的人，应当妥善保管遗产，任何人不得侵吞或者争抢。

第二十五条 继承开始后，继承人放弃继承的，应当在遗产处理前，作出放弃继承的表示。没有表示的，视为接受继承。

受遗赠人应当在知道受遗赠后两个月内，作出接受或者放弃受遗赠的表示。到期没有表示的，视为放弃受遗赠。

第二十六条 夫妻在婚姻关系存续期间所得的共同所有的财产，除有约定的以外，如果分割遗产，应当先将共同所有的财产的一半分出为配偶所有，其余的为被继承人的遗产。

遗产在家庭共有财产之中的，遗产分割时，应当先分出他人的财产。

第二十七条 有下列情形之一的，遗产中的有关部分按照法定继承办理：

（一）遗嘱继承人放弃继承或者受遗赠人放弃受遗赠的；

（二）遗嘱继承人丧失继承权的；

（三）遗嘱继承人、受遗赠人先于遗嘱人死亡的；

（四）遗嘱无效部分所涉及的遗产；

（五）遗嘱未处分的遗产。

第二十八条 遗产分割时，应当保留胎儿的继承份额。胎儿出生时是死体的，保留的份额按照法定继承办理。

第二十九条 遗产分割应当有利于生产和生活需要，不损害遗产的效用。

不宜分割的遗产，可以采取折价、适当补偿或者共有等方法处理。

第三十条 夫妻一方死亡后另一方再婚的，有权处分所继承的财产，任何人不得干涉。

第三十一条 公民可以与扶养人签订遗赠扶养协议。按照协议，扶养人承担该公民生养死葬的义务，享有受遗赠的权利。

公民可以与集体所有制组织签订遗赠扶养协议。按照协议，集体所有制组织承担该公民生养死葬的义务，享有受遗赠的权利。

第三十二条 无人继承又无人受遗赠的遗产，归国家所有；死者生前是集体所有制组织成员的，归所在集体所有制组织所有。